细说中国史

跟大师悟历史

张荫麟 吕思勉 等著

天津出版传媒集团
天津人民出版社

图书在版编目(CIP)数据

跟大师悟历史 : 细说中国史 / 吕思勉等著. -- 天津 : 天津人民出版社, 2020.11（2024.3重印）
ISBN 978-7-201-16588-2

Ⅰ. ①跟… Ⅱ. ①吕… Ⅲ. ①中国历史－研究 Ⅳ. ①K207

中国版本图书馆CIP数据核字(2020)第213670号

跟大师悟历史：细说中国史
GEN DASHI WU LISHI：XISHUO ZHONGGUOSHI
吕思勉　张荫麟　等著

出　　版　天津人民出版社
出 版 人　刘锦泉
地　　址　天津市和平区西康路35号康岳大厦
邮政编码　300051
邮购电话　(022) 23332469
电子邮箱　reader@tjrmcbs.com

责任编辑　李　羚
策划编辑　李　根
装帧设计　三形三色

印　　刷　天津鸿彬印刷有限公司
经　　销　新华书店
开　　本　880毫米×1230毫米　1/32
印　　张　8.5
字　　数　148千字
版次印次　2020年11月第1版　2024年3月第3次印刷
定　　价　42.00元

出版说明

吕思勉先生说："历史，究竟是怎样一种学问？研究了它，究竟有什么用处呢？这个问题，在略知学问的人，都会毫不迟疑地作答道：'历史是前车之鉴。'"的确，读史使人明智。历史是一面镜子，可以参照过去，了解当代，透视未来。

随着我国经济和文化的不断发展，人们物质和精神需求的日益提升，越来越希望对自己国家的历史有一个全面、深入的了解。

基于此，编者以历史朝代的先后顺序为基点，以重大历史事件为主线，精选了吕思勉、张荫麟、傅斯年、缪凤林、金毓黻、吴晗等名家的文章，编辑出版《跟大师悟历史：细说中国史》一书，原滋原味、简单明了地叙述了从夏商到清末的中国历史，值得一读。

为了方便广大读者朋友阅读，此次出版为精简版，并采取以旧录旧的方式。由于不同时代的语言习惯不同，作者也有自己的文字风格，若不影响阅读，内容则不予修改。对于一些作者笔误、排印错误等，则予以修改。

目　录

第一辑　细说先秦

第二辑　春秋战国

第三辑　秦汉风云

第四辑　魏晋南北朝

第五辑　隋唐五代

第六辑　细说两宋

第七辑　崛起的蒙元

第八辑　细说明史

第九辑　细说清史

第一辑
细说先秦

黄帝和他左右的一班人物并且是许多文化成分的创造者，他不独是中国人的共祖，并且是中国文化的源头。他的功用是把中国古代史大大地简单化了。

我国民族的起源

吕思勉

我国现在所吸合的民族甚多，而追溯皇古之世，则其为立国之主的，实在是汉族。汉族是从什么地方迁徙到中国来的呢？这个在现在，还是待解决的问题。从前有一派人，相信西来之说。他们说：据《周官·大宗伯》和《典瑞》的郑注，古代的祭地祇，有昆仑之神和神州之神的区别；神州是中国人现居之地，则昆仑必是中国人的故乡了。昆仑在什么地方呢？《史记·大宛列传》说，“汉使穷河源，河源出于阗”“天子案古图书，名河所出山曰昆仑”。这所指，是现在于阗河上源之山。所以有人说：汉族本居中央亚细亚高原，从现在新疆到甘肃的路，入中国本部的。然而郑注原出纬书。纬书起于西汉之末，不尽可信。河源实出青海，不出新疆。指于阗河源为黄河之源，本系汉使之误；汉武帝乃即仍其误，而以古代黄河上源的山名，为于阗河上源的山名，其说之不足信，实在是显而易见的。汉族由来，诸说之中，西来说较强；各种西来说之中，引昆仑为证的，较为有力；而其不足信如此，其他更不必论了。民族最古的事迹，往往史籍无征。我国开化最早，又无他国的史籍可供参考。掘地考古之业，则现在方始萌芽。所以汉族由来的问题，实在还未到解决的机会。与其武断，毋宁阙疑了。

现在所能考究的，只是汉族既入中国后的情形。古书所载，类乎神话的史迹很多，现在也还没有深切的研究。其开化迹象，确有可征的，当推三皇五帝。三皇五帝，异说亦颇多。似乎《尚书大传》燧人、伏羲、神农为三皇，《史记·五帝本纪》黄帝、颛顼、帝喾、尧、舜为五帝之说，较为可信。燧人、伏羲皆风姓。神农姜姓。黄帝姬姓。燧人氏，郑注《易纬通卦验》，说他亦称人皇。而《春秋命历序》说：人皇出旸谷，分九河。伏羲氏都陈。神农氏都陈徙鲁。黄帝邑于涿鹿之阿，据地理看来，似乎风姓、姜姓的部落在河南，姬姓则在河北。燧人氏，《韩非子》说他，因“民食果蓏蚌蛤，腥臊多害肠胃”，乃发明钻木取火之法，教民熟食。这明是收集和渔猎时代的酋长。伏羲氏，亦作庖牺氏。昔人释为“能驯伏牺牲”，又释为“能取牺牲，以充庖厨”，以为是游牧时代的酋长。然而伏羲二字，实在是“下伏而化之”之意，见于《尚书大传》。其事迹，则《易·系辞》明言其做网罟而事佃渔。其为渔猎时代的酋长，亦似无疑义。从前的人，都说人类的经济，是从渔猎进而为游牧，游牧进而为耕农。其实亦不尽然。人类经济的进化，实因其所居之地而异。大抵草原之地，多从渔猎进入游牧；山林川泽之地，则从渔猎进为耕农。

神农氏，亦称烈山氏。“烈山”二字，似即《孟子》“益烈山泽而焚之”的烈山，为今人所谓“伐栽农业”。则我国民族居河南的，似乎并没经过游牧的阶级，乃从渔猎径进于耕农。黄帝，《史记》言其“迁徙往来无常处，以师兵为营卫”，这确是游牧部落的样子。涿鹿附近，地势亦很平坦，而适宜于游牧的。我国民族居河北的，大约是以游牧为业。游牧之民，强悍善战；农耕之民，则爱尚平和；所以坂泉涿鹿之役，炎族遂非黄族之敌了。

坂泉涿鹿，昔人多以为两役。然《史记·五帝本纪》，多同《大戴礼记》的《五帝德》《帝系姓》两篇，而《大戴礼记》只有黄帝和炎帝战于坂泉之文，更无与蚩尤战于涿鹿之事。而且蚩尤和三苗，昔人都以为是九黎之君。而三苗和炎帝，同是姜姓。又坂泉、涿鹿，说者多以为一地。所以有人怀疑这两役就是一役；蚩尤、炎帝，亦即一人。这个亦未可断定。然而无论如何，总是姜姓和姬姓的争战。经过此次战役而后，姬姓的部落就大为得势。颛顼、帝喾、尧、舜，称为共主的，莫非黄帝的子孙了。

我国历史，确实的纪年起于共和。共和元年，在民国纪元前二千七百五十二年，公元前八百四十一年。自此以上，据《汉书·律历志》所推，周代尚有一百九十二年，殷代六百二十九年，夏代四百三十二年。尧、舜两代，据《史记·五帝本纪》，尧九十八年，舜三十九年。如此，唐尧元年，在民国纪元前四千一百四十二年，公元前二千二百三十一年；三皇之世，距今当在五千年左右了。

太古的文化和社会

吕思勉

太古的社会，情形毕竟如何？古书所载，有说得极文明的，亦有说得极野蛮的。说得极野蛮的，如《管子》的《君臣篇》等是。说得极文明的，则如《礼记·礼运篇》孔子论大同之语是。二说果孰是？我说都是也，都有所据。

人类的天性，本来是爱好和平的。唯生活不足，则不能无争。而生活所资，食为尤亟。所以社会生计的舒蹙，可以其取得食物的方法定之。收集和渔猎时代，食物均苦不足。游牧时代，生活虽稍宽裕，而其人性好杀伐，往往以侵略为事。只有农业时代，生计宽裕；而其所做的事业，又极和平，所以能产生较高的文化。

古代的农业社会，大约是各各独立，彼此之间，不甚相往来的。老子所说："至治之极，邻国相望，鸡狗之声相闻，民各甘其食，美其服，安其俗，乐其业，至老死不相往来。"所想象的，就是此等社会。唯其如此，故其内部的组织，极为安和。孔子所谓："不独亲其亲，不独子其子，使老有所终；壮有所用；幼有所长；鳏寡孤独废疾者，皆有所养。男有分，女有归。货恶其弃于地也，不必藏于己；力恶其不出于身也，不必为己。"所慨慕的，也就是此等社会。内部的组织既然安和如此，其相互之间自然没有斗争。这就是孔子所谓"谋闭而不兴，盗窃乱贼而不作"，这就是所谓"大同"。假使人类的社会都能如此，人口增加了，交通便利了，徐徐地扩大联合起来，再谋合理的组织，岂不是个黄金世界？而无如其不能。有爱平和的，就有爱侵略的。相遇之时，就免不了战斗。战斗既起，则有征服人的，有被征服于人的。征服者掌握政权，不事生产，成为治人而食于人的阶级；被征服的，则反之而成为食人而治于人的阶级。而前此合理的组织，就渐次破坏了。合理的组织既变，则无复为公众服务，而同时亦即受公众保障的精神。人人各营其私，而贫富亦分等级。自由平等之风，渐成往事了。人与人之间时起冲突，乃不得不靠礼乐刑政等来调和，来维持。社会风气，遂日趋浇薄了。先秦诸子，所以慨叹末俗，怀想古初，都是以此等变迁，为其背景。然而去古未远，古代的良法美意，究竟还破坏未尽。社会的风气也还未十分浇漓。在上者亦未至十分骄侈。虽不能无待于刑政，而刑政也还能修明。这便是孔子所谓小康。大约孔子所慨想的大同之世，总在神农以前；而阶级之治，则起于黄帝以后。《商君书·画策篇》说："神农之世，男耕而食，妇织而衣。刑政不用而治，甲兵不起而王。神农既没，以强胜弱，以众暴寡。故黄帝作为君臣上下之义，父子兄弟之礼，夫妇妃匹之合。内行刀锯，外用甲兵。"可见炎黄之为治，是迥然不同的。而二者之不同，却给我们以农耕之民好平和，游牧之民好战斗的暗示。

以上所说，是社会组织的变迁。至于物质文明，则总是逐渐进步的。《礼运篇》说：昔者先王未有宫室，冬则居营窟，夏则居橧巢。未有火化，食草木之实，鸟兽之肉；饮其血，茹其毛。未有麻丝，衣其羽皮。后圣有作，然后修火之利。范金合土，以为台榭、宫室、牖户。以炮以燔，以亨以炙。

这是说衣食住进化的情形。大约从生食进化到熟食，在燧人之世。我国的住屋，是以土木二者合成的。土工原于穴居，木工则原于巢居。构木为巢，据《韩非子》说，是在有巢氏之世。其人似尚在黄帝以前。至于能建造栋宇，则大约已在五帝之世。所以《易·系辞传》把"上古穴居而野处，后世圣人易之以宫室”，叙在黄帝、尧、舜之后了。《易·系辞传》又说：“黄帝、尧、舜，垂衣裳而天下治。”《正义》说：“以前衣皮，其制短小。今衣丝麻布帛；所作衣裳，其制长大，故言垂衣裳。”这就是《礼运》所说以麻丝易羽皮之事。此外，《易·系辞传》所说后世圣人所做的事，还有：“刳木为舟，剡木为楫”“服牛乘马，引重致远”“重门击柝，以待暴客”“断木为杵，掘地为臼”“弦木为弧，剡木为矢”以及“古之葬者，厚衣之以薪，葬之中野，不封不树，后世圣人易之以棺椁”“上古结绳而治，后世圣人易之以书契”各项。这后世圣人，或说即蒙上黄帝、尧、舜而言，或说不然，现亦无从断定。但这许多事物的进化，大略都在五帝之世，则似乎可信的。

夏商大事及以前之传说

张荫麟

商朝从成汤创业以后，六百年间，可考的大事，除了六次迁都，除了对鬼方的大战，除了最后直接间接和亡国有关的打击外，便是五度由盛而衰的循环。所谓盛就是君主英武，诸侯归服；所谓衰就是君主昏暗，或王室内乱，而诸侯叛离。前期第一度的盛衰牵涉到汤孙太甲（商朝第四王）和汤的开国功臣伊尹的关系。这有二说：一说太甲无道，“颠覆汤之典型”，伊尹把他放逐于桐，过了三年，伊尹见他悔过修德，又迎他复位。一说伊尹于商王仲壬死后，把法当嗣位的太甲放逐于桐，而自即王位；其后七年，太甲自桐潜出，杀伊尹。肇始商朝后期的盘庚是一中兴之主。在他以后，惟他的侄子武丁曾一度中兴。武丁以降，商朝一直衰下去。继位的君主皆生长安逸，“不知稼穑之艰难，惟耽乐之从”（这是周朝开国元勋周公追数前朝衰亡的原因的话）。他们以畋游荒宴代替了国政的烦劳。在商朝末年，一种叔世的颓废和放纵弥漫了整个商人社会。狂饮滥醉的风气普遍于君主、贵族和庶民。这是他们亡国的主因。

在叙述商朝灭亡的经过之前，让我们回溯商朝所继承的历史线索。

商朝所替换的朝代是夏。关于夏朝，我们所知，远更模糊。例如夏朝已有没有文字？有没有铜器？其农业发展到什么程度？其政治组织与商的异同如何？这些问题都无法回答。在后人关于夏朝的一切传说和追记中，我们所能抽出比较可信的事实，大要如下。

夏朝历年约莫四百。其君位是父死子继而不是兄终弟及。其国都的迁徙比商朝更为频数。最初的君主禹历都阳城、晋阳、安邑，皆不出今山西的西南角（阳城在翼城西，晋阳在临汾西，安邑在平陆东北）。禹子启始渡河而南，居今新郑、密县间。以后除启孙后相因外患失国远窜外，夏主的迁徙，不出今河南的黄河以南，汝、颍以北。当夏朝为成汤所灭时，都于斟，即今巩县西南。夏朝最大的事件是与外族有穷氏的斗争。

有穷氏以（今河南滑县东）为根据地，当启子太康时，攻占了夏都（时在斟），以后统治了夏境至少有六七十年。太康逃居于外，有穷氏以次立其弟仲康及仲康子后相为傀儡。后相继被窜逐追杀。后来后相的遗腹子少康收聚夏朝的残余势力，乘有穷氏的衰弱，把他灭掉，恢复旧物。有穷氏是在夏境的东北，后来灭夏的成汤则来自东南，其先世亦发祥于东北。夏朝的外患盖常在东方。

成汤的先世累代为部族长。他的先十四代祖契与禹同时，以蕃（今河北平山附近）为根据地。契子昭明迁于砥石（今河北砥水流域），继迁于商（今河南商丘），“天邑商”及商朝之得名由此。昭明子相土是一雄才大略的君长，曾大启疆宇，以相（在今安阳西十五里）为东都。可惜他的功业的记录只剩下他的后裔的两句颂诗：

相土烈烈，海外有截。

此时的海外说不定就是辽东或朝鲜。后来商朝亡后，王弟箕子能逃入朝鲜而历世君临其地，莫不是因为商人原先在那里有些根据？相土以后两三百年间，商人的事迹无考，也许这是他们的中衰时代（传说相土发明以马驾车，又他的后裔王亥——也是成汤的先世——发明以牛驾车）。到了成汤才复把商人带领到历史上，他从商北迁于亳，继灭了北方的若干邻族，然后向夏进攻，夏主桀兵败，被他放逐于南巢（在今安徽巢县东北五里）而死，夏朝于此终结。

我们若从夏朝再往上溯，则见历史的线索迷失于离奇的神话和理想化的传说中不可析辨了。凡此种种，本书自宜从略。但其中有一部分和后来历史的外表，颇有关系，应当附带叙及。

据说禹所继承的君主是舜，国号虞；舜所继承的是尧，国号唐。当尧舜之世，天下为公，而不是一家一姓所得私有的。尧怎样获得帝位，传说没有照顾到。舜本是历山（在今山东）的农夫，有一串故事（这里从略）表明他是一个理想的孝子和理想的贤兄，又有一串故事（例如他在哪里耕种，哪里的农人便互相让界；他在哪里打鱼，哪里的渔人便互相让屋；他在哪里造陶器，哪里的陶工便不造劣器）表明他是一个理想的领袖。帝尧闻得他的圣明，便把他召到朝廷里来，把两个女儿同时嫁给他，试他治家的能力；并拿重要的职位去试他政治的能力。他果然家庭雍睦任事称职。尧老了，便告退，把帝位推让给他。尧的时候有一场普遍于全“中国”的大水灾。禹父鲧，因治水无功，被处死刑，禹继承了他父亲的任务终于把水患平定。禹治水的工作凡历十三年，在这期间，曾三次走过自己的家门，都没有进去，有一次并且听到新产的儿子在呱呱地哭呢。后来舜照尧的旧例，把帝位推让给禹。禹在死前，也照例选定了一位益做自己的继承者。但禹死后，百姓不拥戴益，而拥戴禹的儿子启，于是启践登了帝位（一说益和启争位，为启所杀）。旧例一破便不再回复了。这便是尧、舜“禅让”的故事。

还有一位值得提到的传说中重要人物，那是黄帝。他所占故事中的时代虽在尧舜之先，他的创造却似在尧舜之后。照传说的一种系谱（《史记·五帝本纪》），他是尧的高祖，舜的八世祖，禹的高祖（舜反比禹低三辈，这很奇怪），也是商周两朝王室的远祖，并且成了后来许多向化的外族祖先。黄帝和他左右的一班人物并且是许多文化成分的创造者，例如他发明舟、车、罗盘、阵法、占星术和许多政治的制度；他的妃嫘祖最初教人养蚕织丝；他的诸臣分别发明文字、算术、历法、甲子和种种乐器。总之，他不独是中国人的共祖，并且是中国文化的源头。他的功用是把中国古代史大大地简单化了。

周朝的兴起

张荫麟

现在让我们离开想象，回到事实。

当商朝最末的一百年间，在渭水的流域，兴起了一个强国，号为周。周字的古文象田中有种植之形，表示这国族是以农业见长。周王室的始祖后稷（姬姓），乃是一个著名的农师（传说与禹同时），死后被周人奉为农神的。后稷的子孙辗转迁徙于泾渭一带；至古公亶父（后来追称太王），原居于豳（今陕西郊县附近），因受不了鬼方侵迫，率众迁居岐山（在今陕西岐山县境）之下。这一带地方盖特别肥沃，所以后来周人歌咏它道：

周原膴膴，堇荼如饴。

以一个擅长农业的民族，经过移民的选择，来到肥沃土地，而且饱经忧患，勤奋图存，故不数十年间，便蔚为一个富强之国。到了古公子季历（后来追称王季）在位时，竟大败鬼方，俘其酋长二十人了。古公在豳，还住地穴，其时周人的文化可想而知。迁岐之后，他们开始有宫室、宗庙和城郭了。季历及其子昌（后来追称文王）皆与商朝联婚，这促进了周人对商文化的接受，也即促进了周人的开化。

至少自古公以下，周为商朝的诸侯之一，故卜辞中有“令周侯”的记录。旧载季历及昌皆受商命为“西伯”，即西方诸侯之长，当是可信。但卜辞中屡有“寇周”的记载，可见商与周的关系并不常是和谐的。旧载古公即有“翦商”的企图。盖周自强盛以来，即以东向发展为一贯之国策。古公和季历的雄图的表现，于史无考，但西伯昌的远略尚可窥见一斑。他在逝世前九年，自称接受了天命，改元纪年。此后六年之间，他至少灭掉了四个商朝的诸侯国：

一、密　今甘肃灵台县西，

二、黎　今山西黎城县东北，

三、邘　今河南怀庆西北，

四、崇　今河南嵩县附近。

此外商诸侯不待征伐而归附他的当不少。又旧载西伯昌曾受商王纣命，管领江汉汝旁的诸侯，大约他的势力已及于这一带。后来周人说他“三分天下有其二”，若以商朝的势力范围为天下，恐怕竟去事实不远了。灭崇之后，西伯昌作新都于丰邑（在今长安县境），自岐下东迁居之。他东进的意向是够彰明的了。

文王死后第四年的春初，他的嗣子武王发率领了若干诸侯及若干西北西南土族的选锋（中有庸、蜀、羌、髳、微、卢、彭、濮等族类，其名字不尽见于以前和以后的历史），大举伐商；他的誓师词至今犹存，即《尚书》里的《牧誓》。凭一场胜仗，武王便把商朝灭掉。战场是牧野，离商王纣的行都朝歌（今河南淇县）不远。朝歌是他的离宫别馆所在，是他娱悦晚景的胜地。这时他至少已有六七十岁了。在享尽了畋游和酒色的快乐之后，他对第一次失败的反应是回宫自焚而死。商兵溃散，武王等长驱入殷。商朝所以亡得这样快，照后来周人的解释是文王、武王累世积德行仁，民心归向，而商纣则荒淫残暴，民心离叛；所谓“汤武革命，应乎天而顺乎人”。这固然不能说没有一些事实的影子，但事实决不如此简单。周人记载中无意泄露的关于商、周之际的消息，有两点可注意。一说“纣克东夷而陨其身”。可见商人在牧野之战以前，曾因征服东方的外族，而把国力大大损耗了；武王乃乘其疲敝而取胜的。一说“昔周饥，克殷而年丰”。可见牧野之战，也是周人掠夺粮食、竞争生存之战。武王是知道怎样利用饥饿的力量的。

殷都的陷落和商朝的覆亡，只是周人东向发展的初步成功。商朝旧诸侯的土地并不因此便为周人所有，而且许多旧诸侯并不因此就承认武王为新的宗主。此后武王、成王、康王之世，不断地把兄弟、子侄、姻戚、功臣分封于外，建立新国。这些新国大抵是取旧有的诸侯而代之，也许有的是开辟本来未开辟的土地。每一个这类新国的建立，便是周人一次向外移殖，便是周人势力范围的一次扩展。

但当初武王攻陷殷都之后，并没有把殷都及殷王畿占据，却把纣子武庚、禄父封在这里，统治商遗民，而派自己的两个兄弟管叔和蔡叔去协助并监视他们。这不是武王的仁慈宽大。这一区域是民族意识特别深刻的“殷顽民”的植根地，而且在当时交通不便的情形之下，离周人的“本部”丰岐一带很远，显然是周人所不易统治的。故此武王乐得做一个人情。但这却种下后来一场大变的原因。武王克殷后二年而死，嗣子成王年幼，王叔周公旦以开国功臣的资格摄政。管、蔡二叔心怀不平，散布流言，说“周公将不利于孺子”。并鼓动武庚、禄父联结旧诸侯国奄（今山东曲阜一带）和淮水下游的外族淮夷，背叛周室。周公东征三年，才把这场大乱平定。用兵的经过不得而详，其为坚苦卓绝的事业，是可想象的。于是周公以成王命，把殷旧都及畿辅之地封给文王的少子康叔，国号卫；

把商丘一带及一部分殷遗民封给纣的庶兄微子启，以存殷祀，国号宋；把奄国旧地封给周公子伯禽，国号鲁；又封功臣太公望（姜姓）的儿子于鲁之北，国号齐（都今山东临淄），封功臣召公奭（周同姓）的儿子于齐之北，国号燕（都今北平附近），都是取商朝旧有诸侯国而代之的。周公东征之后，周人的势力才达到他们的“远东”。就周人向外发展的步骤而论，周公的东征比武王的克殷还更重要。这大事业不可没有一些艺术的点缀。旧传《诗经·豳风》里《东山》一篇就是周公东征归后所作，兹录其一章如下：

我徂东山，慆慆不归。我来自东，零雨其濛。鹳鸣于垤，妇叹于室。洒扫穹窒，我征聿至。有敦瓜苦，烝在栗薪，自我不见，于今三年。

假如传说不误，这位多才多艺的军事政治家，还是一个委婉的诗人呢！

先是武王克殷后，曾在丰邑以东不远，另造新都曰镐京（仍在长安县境），迁居之，是为宗周。“远东”戡定后，在周人的新版图里，丰镐未免太偏处于西了。为加强周人在东方的控制力，周公在洛阳的地方建筑一个宏伟的东都，称为成周。成周既成，周公把一大部分“殷顽民”，远迁到那里。从此周人在东方可以高枕无忧了。却不料他们未来的大患乃在西方！

周公对被迁到成周的殷人的训词，至今还保存着，即《尚书》里的《多士》。

武王、成王两世，共封立了七十多个新国，其中与周同姓的有五十多国；但这七十余国而外，在当时黄河下游和大江以南，旧有国族之归附新朝或为新朝威力所不届的，大大小小，还不知凡几。在这区域内，周朝新建的和旧有的国，现在可考的有一百三十多。兹于现在可考的周初新建国中，除上面已提到的宋、卫、鲁、齐、燕外，择其可以表示周人势力的分布的十八国列表如下：

国名	姓	始祖与周之关系	国都今地
晋	姬	武王子叔虞	山西太原北
霍	姬	文王子叔处	山西霍县
邢	姬	周公子	河北邢台
芮	姬		陕西大荔县南
贾	姬		陕西蒲城西南
西虢	姬	文王弟虢叔	陕西宝鸡县东
滕	姬	文王子叔绣	山东滕县
郕	姬	文王子叔武	山东汶上县北
郜	姬	文王子	山东城武县东南
曹	姬	文王子叔铎	山东定陶县

东虢	姬	文王弟虢仲	河南汜水县
蔡	姬	文王子叔度	河南上蔡县（约在前530年左右迁于今新蔡）
蔡	姬	周公子	河南郑州东北
息	姬		河南息县
申	姜		河南南阳北
蒋	姬	周公子	河南固始县西北
随	姬		湖北随县
聃	姬	文王子季载	湖北荆门东南

叙周人的南徙至周朝的创业，本自成一段落。但为以下行文的方便起见，并将成王后康、昭、穆、共、懿、孝、夷、厉八世的若干大事附记于此。这时期的记载甚为缺略，连康、昭、共、懿、孝、夷六王在位的年数亦不可考（成王在位的年数亦然）。因此厉王以前的一切史事皆不能正确地追数为距今若干年。成、康二世为周朝的全盛时代，内则诸侯辑睦，外则四夷畏慑。穆王喜出外巡游，其踪迹所及，不可确考，但有许多神话附着于他。夷王时周室始衰，诸侯多不来朝，且互相攻伐。厉王即位于公元前878年。他因为积久的暴虐，于即位第三十七年，为人民所废逐，居外十四年而死。在这期间，王位虚悬由两位大臣共掌朝政，史家称之为共和时代。厉王死后，其子继立，是为宣王。

周东封与殷遗民

傅斯年

商朝以一个六百年的朝代，数千里的大国，在其亡国前不久帝乙时，犹是一个强有兵力的组织，而初亡之后，王子禄父等依然能一次一次地反抗周人，何以到周朝天下事大定后，封建者除区区二三百里之宋，四围以诸姬环之，以外，竟不闻商朝遗民尚保存何部落，何以亡得那么干净呢？那些殷商遗民，除以“顽”而迁雒邑者外，运命是怎么样呢？据《逸周书·世俘篇》，“武王遂征四方，凡憝国九十有九国，馘磿亿有十万七千七百七十有九，俘人三亿万有二百三十，凡服国六百五十有二。”果然照这样子“憝”下去，再加以周公成王之“善继人之志，善述人之事”，真可以把殷遗民“憝”完。不过那时候的农业还不曾到铁器深耕的时代，所以绝对没有这么许多人可“憝”、可“馘磿”，所以这话竟无辩探的价值，只是战国人的一种幻想而已。且佶屈聱牙的《周诰》上明明记载周人对殷遗是用一种相当的怀柔政策，而近发见之白懋父敦盖（中央研究院历史语言研究所藏器）记“王命伯懋父以殷八征东夷”。周人以这样一个“臣妾之”之政策，固速成其王业，而殷民藉此亦可延其不尊荣之生存。《左传》定四年记周以殷遗民作东封，其说如下：

昔武王克商，成王定之，选建明德，以藩屏周。故周公相王室，以尹天下，于周为睦。分鲁公以大路，大旗，夏后氏之璜，封父之繁弱；殷民六族，条氏，徐氏，萧氏，索氏，长勺氏，尾勺氏，使帅其宗氏，辑其分族，将其类丑，以法则周公，用即命于周。是使之职事于鲁，以昭周父之明德。分之土田陪敦，祝宗卜史，备物典策，官司彝器。因商奄之民，命以伯禽，而封于少皞之虚。分康叔以大路，少帛，茷，旃旌，大吕；殷民七族，陶氏，施氏，繁氏，锜氏，樊氏，饥氏，终葵氏。封畛土略，自武父以南，及圃田之北竟，取于有阎之土，以共王职，取于相土之东都，以会王之东搜。聃季授土，陶叔授民。命以康诰，而封于殷虚。皆启以商政，疆以周索。分唐叔以大路，密须之鼓，阙巩，沽洗；怀姓九宗，职官五正。命以唐诰，而封于夏虚。启以夏政，疆以戎索。

可见鲁卫之国为殷遗民之国，晋为夏遗民之国，这里说得清清楚楚。所谓“启以商政疆以周索”者，尤显然是一种殖民地政策，虽取其统治权，而仍其旧来礼俗，放曰“启以商政疆以周索”。这话的绝对信实更有其他确证。现分述鲁卫齐三国之情形如下。

鲁 《春秋》及《左传》有所谓“亳社”者，是一件很重要的事。“亳社”屡见于《春秋经》，以那样一个简略的二百四十年间之“断烂朝报”，所记皆是戎祀会盟之大事，而“亳社”独占一位置，则“亳社”在鲁之重要可知。且《春秋》记“亳社（《公羊》作蒲社）灾”在哀四年，去殷商之亡已六百余年，已与现在去南宋之亡差不多〔共和前无确切之纪年，姑据《通鉴外纪》，自武王元年至哀四年为六三一年。宋亡于祥兴二年（1279），去中华民国二十年（1931）凡六百五十二年。相差甚微。〕“亳社”在殷亡国后六百余年犹有作用，是甚可注意之事实。且《左传》所记“亳社”中有两事尤关重要。哀七，“以邾子益来献于亳社”，杜云，“以其亡国与殷同”。此真谬说。邾于殷为东夷，此等献俘，当与宋襄公“用鄫于次睢之社，欲以属东夷”，一样，周人谄殷鬼而已。又定六年，“阳虎又盟公及三桓于周社，盟国人于亳社”。这真清清楚楚指示我们：鲁之统治者是周人，而鲁之国民是殷人。殷亡六七百年后之情形尚如此，则西周时周人在鲁，不过仅是少数的统治者，犹钦察汗金骑之于俄罗斯诸部，当更无疑问。

说到这里，有一件很重要的事，当附带着说。孔子所代表之儒家，其地理的及人众的位置在何处，可以借此推求。以儒家在中国文化进展上的重要，而早年儒教的史料仅仅《论语》《檀弓》《孟子》《荀子》几篇，使我们对于这个宗派的来源不明了，颇是一件可惜的事。孙星衍重修之《孔子集语》，材料虽多，几乎皆不可用。《论语》与《檀弓》在语言上有一件特征，即吾我尔汝之分别颇显：此为胡适之先生之重要发见（《庄子·齐物》等篇亦然）。《檀弓》与《论语》既为一系，且看《檀弓》中孔子自居殷人之说于《论语》有证否。

〔《檀弓》〕孔子蚤作，负手曳杖消摇于门。歌曰：“泰山其颓乎？梁木其坏乎？哲人其萎乎？”既歌而入，当户而坐。子贡闻之，曰：“泰山其颓，则吾将安仰？梁木其坏，哲人其萎，则吾将安放？”夫人殆将病也。遂趋而入。夫子曰：“赐，尔来何迟也？夏后氏殡于东阶之上，则犹在阼也。殷人殡于两楹之间，则与宾主夹之也。周人殡于西阶之上，则犹宾之也。而丘也，殷人也。予畴昔之夜梦坐奠于两楹之间。夫明王不与，而天下其孰能宗予？予殆将死也！”盖寝疾七日而没。

这话在《论语》上虽不曾重见（《檀弓》中有几段与《论语》同的），然《论语》《檀弓》两书所记孔子对于殷周两代之一视同仁态度，是全然一样的。

《论语》行夏之时，乘殷之辂，服周之冕，乐则韶舞。

殷因于夏礼，所损益，可知也。周因于殷礼，所损益，可知也。其或继周者，虽百世可知也。

周监于二代，郁郁乎文哉！吾从周。

夏礼吾能言之，杞不足征也；殷礼吾能言之，宋不足征也；文献不足故也，足则吾能征之矣。

《檀弓》殷既封而吊，周反哭而吊。孔子曰：“殷已悫，吾从周。”

殷练而祔，周卒哭而祔。孔子善殷（此外《檀弓篇》中记三代异制而折衷之说甚多，不备录）。

这些话都看出孔子对于殷周一视同仁，殷为胜国，周为王朝，却毫无宗周之意。所谓从周，正以其“后王灿然”之故，不曾有他意。再看孔子是否有矢忠于周室之心。

《论语》公山弗扰以费畔，召，子欲往。子路不说，曰：“末之也已，何必公山氏之之也？”子曰：“夫召我者而岂徒哉？如其用我者，吾其为东周乎？”（《阳货》章。又同章：佛肸召，子欲往。）

子畏于匡，曰："文王既没，文不在兹乎？天之将丧斯文也，后死者不得与于斯文也。天之未丧斯文也，匡人其如予何？"

这话直然要继衰周而造四代。虽许多事要以周为师，却绝不以周为宗。公羊家义所谓"故宋"者，证以《论语》，当是儒家之本原主义。然则孔子之请讨弑君，只是欲维持当时的社会秩序。孔子之称管仲，只是称他曾经救了文明，免其沉沦，所有"丕显文武"一类精神的话语，不曾说过一句，而明说"其或继周者"（曾国藩一辈人传檄讨太平天国，只是护持儒教，与传统之文明，无一句护持满洲。颇与此类）。又孔子但是自比于老彭，老彭是殷人，又称师挚，亦殷人，称高宗不冠以殷商字样，直曰"书曰"。称殷三仁，尤有余音绕梁之趣，颇可使人疑其有"故国旧墟""王孙芳草"之感。此皆出于最可信的关于孔子之史料，而这些史料统计起来是这样，则孔子儒家与殷商有一种密切之关系，可以晓然。

尤有可以证成此说者，即三年之丧之制。如谓此制为周之通制，则《左传》《国语》所记周人之制毫无此痕迹。孟子鼓动滕文公行三年之丧。而滕国卿大夫说，"吾先君莫之行，吾宗国鲁先君亦莫之行也"。这话清清楚楚证明三年之丧非周礼。然而《论语》上记孔子曰，"夫三年之丧，天下之通丧也"。这话怎讲？孔子之天下，大约即是齐鲁宋卫，不能甚大，可以

“登大山而小天下”为证。然若如“改制托古”者之论，此话非删之便须讳之，实在不是办法。惟一可以解释此困难者，即三年之丧，在东国，在民间，有相当之通行性，盖殷之遗礼，而非周之制度。当时的“君子（即统治者），三年不为礼，礼必坏，三年不为乐，乐必崩”；而士及其相近之阶级，则渊源有自，齐以殷政者也。试看关于大孝，三年之丧，及丧后三年不做事之代表人物，如太甲，高宗，孝己，皆是殷人，而“君薨，百官总已以听于冢宰者三年”，全不见于周人之记载。说到这里，有《论语》一章，向来不得其解者。似可以解之：

子曰：“先进于礼乐，野人也；后进于礼乐，君子也。如用之，则吾从先进。”

此语作何解，汉宋诂经家说皆迂曲不可通。今释此语，须先辩其中名词含义若何。“野人”者，今俗用之以表不开化之人。此为甚后起之义。《诗》，“我行其野，芃芃其麦”，明野为农田。又与《论语》同时书之《左传》，记僖二十三年“晋公子重耳……出于五鹿，乞食于野人。野人与之块”。然则野人即是农夫，孟子所谓“齐东野人”者，亦当是指农夫。彼时齐东开辟已甚，已无荒野。且孟子归之于齐东野人之尧与瞽叟北面朝舜舜有惭色之一件文雅传说，亦只能是田亩间的故事，不能是深山大泽中的神话。孟子说到“与木石居，与鹿豕游”，便须加深山于野人之上，方足以尽之（《孟子·尽心章》“其所以异于深山之野人者，几希”)。可见彼时所谓野人，非如后人用之以对“斯文”而言。《论语》中君子有二义，一谓卿大夫阶级，即统治阶级，二谓合于此阶级之礼度者。此处所谓君子者，自当是本义。先进后进自是先到后到之义。礼乐自是泛指文化，不专就玉帛钟鼓而言。名词既定，试翻做现在的话，如下：

那些先到了开化的程度的，是乡下人；那些后到了开化程度的，是“上等人”。如问我何所取，则我是站在先开化的乡下人一边的。

先开化的乡下人自然是殷遗。后开化的上等人自然是周宗姓婚姻了。

宋卫 宋为商之转声，卫之名卫由于豕韦。宋为商之宗邑，韦自汤以来为商属。宋之立国始于微子，固是商之孑遗。卫以帝乙、帝辛之王都，康叔以殷民七族而立国。此两处人民之为殷遗，本不待论。

齐 齐民之为殷遗有二证。一、《书》序：“成王既践奄，将迁其君于蒲姑。周公告召公，作将蒲姑。”《左传》昭九：“王使詹伯辞于晋曰：‘薄姑商奄，吾东上也。’”又，昭二十，晏子对景公曰：“昔爽鸠氏始居此地，季萴因之，有逢伯陵因之，蒲姑氏因之，而后太公因之。”《汉书·地理志》云：“齐地殷末有薄姑氏，至周成王时，薄姑与四国共作乱，成王灭之，以封师尚父。”二、请再以齐宗教为证。王静安曰：“曰‘贞方帝卯一牛之南口’，曰‘贞于东’，曰‘己巳卜王于东’，曰‘于西’，曰‘贞于西’，曰‘癸酉卜中贞三牛’。曰‘方帝’，曰‘东’，曰‘西’，曰‘中’，疑即五方帝之祀矣。”（《增订殷墟书契考释》下六十叶）然则荀子所谓“按往旧造说谓之五行”者，其所由来久远，虽是战国人之推衍，并非战国人之创作，此一端也。周人逐纣将飞廉于海隅而戮之。飞廉在民间故事中曰黄飞虎，黄飞虎之祀，至今在山东与玄武之祀同样普遍，太公之祀不过偶然有之，并且是文士所提倡，不与民间信仰有关系。我们可说至今山东人仍祭商朝的文信国郑延平，此二端也。至于亳之在山东，泰山之有汤迹，前章中已详论，今不更述。

然则商之宗教，其祖先崇拜在鲁犹发展，而为儒学，其自然崇拜在齐独发展，而为五行方士，各得一体，派衍有自。试以西洋史为比：西罗马之亡，帝国旧土分为若干蛮族封建之国。然遗民之数远多于新来之人，故经千余年之紊乱，各地人民以方言之别而成分化，其居意大利，法兰西，西班牙半岛，意大利西南部二大岛，以及多瑙河北岸，今罗马尼亚国者，仍成拉丁民族，未尝为日耳曼人改其文化的，语言的，民族的系统。地中海南岸，若非因亚拉伯人努力其宗教之故，恐至今仍在拉丁范围中。遗民之不以封建改其民族性也如是。

商朝本在东方，西周时东方或以被征服而暂衰，入春秋后文物富庶又在东方，而鲁宋之儒墨，燕齐之神仙，惟孝之论，五行之说，又起而主宰中国思想者二千余年。然则谓殷商为中国文化之正统，殷遗民为中国文化之重心，或非孟浪之言。战国学者将一切神话故事充分的伦理化，理智化，于是不同时代不同地方之宗神，合为一个人文的“全神堂”，遂有《皋陶谟》一类君臣赓歌的文章。在此全神堂中，居“敬敷五教”之任者，偏偏不是他人，而是商之先祖契，则商人为礼教宗信之寄象，或者不是没有根据的吧。

第二辑
春秋战国

秦国的民风，本较六国为强悍，而其风气亦较质朴。秦国的政令，又较六国为严肃。所以秦兵一出，而六国都不能敌。公元前二二一年，秦始皇灭齐之岁，史家就算他是中国一统。

春秋的霸业

吕思勉

从公元前七二二年起至前四八一年止，凡二百四十二年。这期间，孔子因鲁史修《春秋》，后人遂称为春秋时代。

春秋时代，王室已不能号令天下。列国内部有什么问题以及相互之间有什么争端，都由霸主出来声罪致讨或调停其事。霸主为会盟征伐之主，往往能申明约束，使诸侯遵守。列国对于霸主，也有朝贡等礼节；霸主虽有此威力，仍未能“更姓改物”。所以对于周天子，表面上仍甚尊重。王室有难，霸主往往能出来“勤王”。文化程度较低的民族，为文明诸国之患，霸主也要出来设法。所以“尊王攘夷”为霸主的重要事业。所谓霸主，在表面上，亦受天子的锡命。论实际，则由其兵力强盛为诸侯所畏；又有相当的信义为诸侯所服而然。

首出的霸主为齐桓公。其创霸，在前六七九年。这时候，河北省里的山戎，为北燕之患。河南北间的狄人，又连灭邢、卫两国。齐桓公都兴兵救之。其时楚渐强盛，陈、蔡等国都受其威胁，即郑亦生动摇。齐桓公乃合诸侯以伐楚，与楚盟于召陵。孔子说："桓公九合诸侯，不以兵车。"可见其确有相当的信义，为诸侯所归向了。

齐桓公死后，宋襄公出来主持会盟。然国小，力不足。前六三八年，和楚人战于泓，为楚所败，伤股而卒。虽亦列为五霸之一，实在是有名无实的。

宋襄公死后，楚人的势力大张。适会晋文公出亡返国。用急激的手段训练其民，骤臻强盛。前六三二年，败楚于城濮，称霸。

同时秦穆公，初本与晋和好。晋文公的返国多得其力。后来与晋围郑，听郑人的游说，不但撤兵而退，反还留兵代郑戍守。晋文公死后，穆公又听戍将的话，遣孟明等潜师袭郑，为郑人所觉，无功而还。晋襄公又邀击之于崤，"匹马只轮无返者"。秦穆公仍用孟明，兴师报怨，又为晋人所败。穆公犹用孟明，增修德政。到底把晋国打败。遂霸西戎，辟地千里。亦列为五霸之一。

然而秦国的威权只限于今陕、甘境内。其在东方，还是晋、楚两国争为雄长。晋襄公死后，子灵公无道，势渐陷于不振。而楚国的庄王日强。前五九七年，败晋师于邲，称霸。庄王死后，子共王与晋厉公战于鄢陵，为晋所败。然厉公旋亦被弑。当时的形势，鲁、卫、曹、宋等国，多服于晋；陈、蔡及许，则服于楚；而郑为二国争点。厉王死后，共王仍与晋争郑。直至前五六二年，而郑乃服于晋。晋悼公称为后霸。前五四六年，宋大夫向戌为弭兵之盟，请“晋、楚之从交相见”。于是晋、楚的兵争，作一结束，而吴、越继起。

吴本僻处蛮夷，服从于楚的。后来楚国的大夫巫臣，因事奔晋，为晋谋通吴以挠楚。于是巫臣于前五八四年适吴，教以射御战陈之法。吴遂骤强，时时与楚争斗。自今江苏的镇江，上至安徽的巢县，水陆时有战事，楚人不利时多。弭兵盟后，楚灵王因此大会北方的诸侯。向来服从于晋之国都去奔走朝会于楚，表面上看似极盛。然而灵王实是暴虐奢侈的，遂致酿成内乱，被弑。平王定乱自立，又因信谗之故，国势不振。前五〇六年，楚相囊瓦，因求贿之故，辱唐、蔡二国之君。蔡侯求援于晋，无效，遂转而求援于吴。吴王阖庐乘之，攻楚，入其都城。楚昭王逃到随国。幸赖其臣申包胥，求救于秦，杀败吴兵，昭王乃得复国。阖庐虽破楚，伐越却不利。败于携李，受伤而死。子夫差立，兴兵伐越，败之于夫椒。越王勾践，栖于会稽之山以请成，夫差许之。勾践归，卧薪尝胆，以谋报复。而夫差遽骄侈，北伐齐、鲁，与晋争长于黄池。前四七三年，遂为越所灭。勾践北会齐、晋于徐州，称为霸王。然越虽灭吴，不能正江淮之土，其地皆入于楚，所以仍和北方的大局无关。其被灭于楚，在前三三四年，虽已是入战国后一百四十七年，然而其国，则久在无足重轻之列了。宇内的强国，仍是晋、楚、齐、秦。而晋分为韩、赵、魏三国，河北的燕亦日强。天下遂分为战国七雄，史称为战国时代。

晋楚争霸

张荫麟

桓公的霸业是靠本来强盛的齐国做基础的。当他称霸的时代，晋国和秦国先后又在缔构强国的规模，晋国在准备一个接替桓公的霸主降临，秦国在给未来比霸业更宏大的事业铺路。话分两头，先讲晋国。

晋始封时都于唐（今太原县北），在汾水的上游；其后至迟过了三个半世纪，已迁都绛（今翼城县），在汾水的下游。晋人开拓的路径是很明显的。不过迁绛后许久他们还未曾占有汾水流域的全部，当汾水的中游还梗着一个与晋同姓的霍国，当汾水将近入河的地方还碍着一个也与晋同姓的耿国，前七四五年晋君把绛都西南百多里外的曲沃，分给他的兄弟，建立了一个强宗。此后晋国实际分裂为二。曲沃越来越盛，晋国越来越衰，它们间的仇隙也越来越大。这对抗的局面终结于前六七九年曲沃武公灭晋并且拿所得的宝器向周王买取正式的册封。老耄的武公，受封后两年，便一瞑不视，遗下新拼合的大国给他的儿子献公去粘缀、镶补。

献公即位于齐桓公十年（前六七六年），死于桓公三十五年。他二十六年的统治给晋国换一副面目。他重新修筑了绛都的城郭；把武公的一军扩充为二军。他灭霍、灭耿、灭魏、灭虞、灭虢，使晋国的境土不独包括了整个的汾水流域，并且远跖到大河以南。但献公最重要的事业还不止此。却说武公灭晋后，自然把他的公族尽力芟锄，免遗后患。我们可以想象晋国这番复合之后，它的氏室必定灭了许多，但在曲沃一方，自从始封以来，公子公孙们新立的氏室为数也不少。献公即位不久，便设法收拾他们。他第一步挑拨其中较穷的，使与“富子”为仇，然后利用前者去打倒后者。第二步，他让残余的宗子同住一邑，好意地给他们营宫室，筑城郭；最后更好意地派大兵去保卫他们，结果，他们的性命都不保。于是晋国的公族只剩下献公的一些儿子。及献公死，诸子争立。胜利者鉴于前车，也顾不得什么父子之情，把所有长成而没有继位资格的公子都遣派到各外国居住，此后的一长期中，公子居外，沿为定例。在这种制度之下，遇着君死而太子未定，或君死而太子幼弱的当儿，君权自然失落在异姓的卿大夫手里。失落容易，收复却难。这种制度的成立便是日后“六卿专晋”，“三家分晋”的预兆。话说回来，献公夷灭群宗后，晋国的力量一时集中在公室；加以他凭藉“险而多马”的晋土，整军经武，兼弱攻昧，已积贮了向外争霸的潜能。可惜他晚年沉迷女色，不大振作，又废嫡立庶，酿成身后一场大乱，继他的儿孙又都是下等材料。晋国的霸业还要留待他和狄女所生的公子重耳，就是那在外漂流十九年，周历八国，备尝艰难险阻，到六十多岁才得位的晋文公。

文公即位时，宋襄公已经死了两年。宋人又与楚国“提携”起来，其他郑、鲁、卫、曹、许……等国更不用说了。当初文公漂流过宋时，仁慈的襄公曾送过他二十乘马。文公即位后，对宋国未免有情。宋人又眼见他归国两年间，内结民心，消弭反侧；外联强秦，给王室戡定叛乱，觉得他大可倚靠，便背楚从晋。楚率陈、蔡、郑、许的兵来讨，宋人向晋求救。文公和一班患难相从的文武老臣筹商了以后，便把晋国旧有的二军更扩充为三军，练兵选将，预备“报施救患，取威定霸”。他先向附楚的国曹、卫进攻，占据了他们的都城；把他们的田分给宋国；一面叫宋人赂取齐、秦的救援。虽是著名“刚而无礼”的楚帅子玉，也知道文公是不好惹的，先派人向晋军说和，情愿退出宋境，只要晋军同时也退出曹、卫。文公却一面私许恢复曹、卫，让他们宣告与楚国绝交；一面把楚国的来使拘留。这一来把子玉的怒火点着了。于是前六三二年，即齐桓公死后十一年，楚、陈、蔡的联军与晋、宋、齐、秦的联军大战于城濮（卫地）。就在这一战中，楚人北指的兵锋初次被挫，文公成就了凌驾齐桓的威名，晋国肇始它和楚国八十多年乍断乍续的争斗。

这八十多年的国际政治史表面虽很混乱，却有它井然的条理，是一种格局的循环。起先晋楚两强，来一场大战；甲胜，则若干以前附乙的小国自动或被动地转而附甲；乙不肯干休，和它们算账；从了乙，甲又不肯干休，又和它们算账，这种账算来算去，越算越不清，终于两强作直接的总算账，又来一场大战。这可以叫做“晋、楚争霸的公式”。晋、楚争取小国的归附就是争取军事的和经济的势力范围。因为被控制的小国对于所归附的霸国大抵有两种义务：（一）是当它需要时，出定额的兵车助它征伐。此事史无明文，但我们从以下二事可以类推：（1）齐国对鲁国某次所提出的盟约道：“齐师出境而不以甲车三百乘从我者，有如此盟！”（2）其后吴国称霸，鲁对它供应军赋车六百乘，邾三百乘。（二）是以纳贡或纳币的形式对霸国作经济上的供应（贡是定期的进献，币是朝会庆吊的贽礼）。此事史亦无明文，但我们从以下三事可以推知：

（1）楚人灭黄的借口是它“不归楚贡”。（2）前五四八年晋执政赵文子令减轻诸侯的币，而加重待诸侯的礼；他就预料兵祸可以从此稍息。（3）前五三〇年郑往晋吊丧，带去作贽礼的币用一百辆车输运，一千人押送。后来使人不得觐见的机会，那一千人的旅费就把带去的币用光！当周室全盛时，诸侯对于天王所尽的义务也不过如上说的两事。可见霸主即是有实无名的小天王，而同时正式的天王却变成有名无实了。

在晋、楚争霸的公式的复演中，战事的频数和剧烈迥非齐桓、宋襄的时代可比，而且与日俱甚。城濮之战后三十五年，晋师救郑，与楚师遇，而有邲（郑地）之战，楚胜；又二十二年，楚师救郑，与晋师遇，而有鄢陵（郑地）之战，晋胜；又十八年，晋伐楚以报楚之侵宋（先是楚侵宋以报晋之取郑），而有湛阪（楚地）之战，晋胜。但这四次的大战只是连绵的兵祸的点逗。在这八十余年间，楚灭江、六、蓼、庸、萧（萧后入于宋）及群舒；晋灭群狄，又灭偪阳以与宋；齐灭莱；秦灭滑（滑后入于晋）；鲁灭邾；莒灭鄫（鄫后入于鲁）。在这期间，郑国为自卫，为霸主的命令，及为侵略而参加的争战在七十二次以上。宋国同项的次数在四十六以上。其他小国可以类推。兵祸的惨酷，可以从两例概见：（一）前五九七年，正当邲战之前，楚人在讨叛的名目下，围攻郑都。被围了十七天后，郑人不支，想求和，龟兆却不赞成；只有集众在太庙哀哭，并且每巷备定一辆车，等候迁徙，这一着却是龟兆所赞成的。当民众在太庙哀哭时，守着城头的兵士也应声大哭。楚人都被哭软了，不禁暂时解围。郑人把城修好，楚兵又来，再围了三个月，终于把城攻破，郑君只得袒着身子，牵着一只象征驯服的羊去迎接楚王。（二）过了两年，恶运轮到宋人头上。楚王派人出使齐国，故意令他经过宋国时，不向宋人假道。宋华元说：经过我国而不来假道，就是把我国看作属地，把我国看作属地就是要亡我国；若杀了楚使，楚人必来侵伐，来侵伐也是要亡我国；均之是亡，宁可保全自己的尊严。于是宋杀楚使。果然不久楚国问罪的大军来到宋都城下，晋国答应的救兵只是画饼。九个月的包围弄到城内的居民“易子而食，析骸以炊”；楚人还在城外盖起房舍，表示要久留。但宋人宁可死到净尽，不肯作耻辱的屈服。幸亏华元深夜偷入楚营，乘敌帅子反的不备，挥着利刃，迫得他立誓，把楚军撤退三十里，和宋国议和，这回恶斗才得解决。

像这类悲惨事件所构成的争霸史却怎样了结？难道它就照一定的公式永远循环下去吗？难道人类共有的恻隐心竟不能推使一个有力者，稍作超国界的打算吗？前五七九年，尝透了战争滋味的华元开始做和平运动。这时他同晋、楚的执政者都很要好；由他的极力拉拢，两强订了下面的盟约：

凡晋、楚无相加戎，好恶同之，同恤菑危，备救凶患。若有害楚，则晋伐之；在晋，楚亦如之。交贽往来，道路无壅。谋其不协，而讨不庭（不来朝的）。有渝此盟，明神殛之；俾队（坠）其师，无克胙国。

这简直兼有现在所谓“互不侵犯条约”和“攻守同盟”了。但这“交浅言深”的盟约，才侥幸保证了三年的和平，楚国便一手把它撕破，向晋方的郑国用兵；次年便发生鄢陵的大战。

争霸的公式在循环了一次之后，和平运动又起。这回主角向戌也是宋国的名大夫，也和晋、楚的执政者都有交情的。但他愿望和福气都比华元大。前五四六年，他在宋都召集了一个十四国的“弭兵”大会。兵要怎样弭法，向戌却是茫然的。这个会也许仅只成就一番趋跄揖让的虚文，若不是楚国的代表令尹子木提出一个踏实的办法：让本未附从晋或楚的国家以后对晋、楚尽同样的义务。用现在的话说，这就是“机会均等”“门户开放”的办法。子木的建议经过两次的小修正后到底被采纳了。第一次的修正是在晋、楚的附从国当中把齐、秦除外，因为这时亲晋的齐和亲楚的秦都不是好惹的。第二次的修正又把邾、滕除外。因为齐要把邾、宋要把滕划入自己的势力范围。四国除外，所以参加盟约的只有楚、晋、宋、鲁、郑、卫、曹、许、陈、蔡十国。

在这次盟会中晋国是大大地让步了。不独它任由楚人自居盟主；不独它任由楚人“衷甲”赴会，没一声抗议；而那盟约的本身就是楚国的胜利；因为拿去交换门户开放的，晋方有郑、卫、曹、宋、鲁五国，而楚方则只有陈、蔡、许三国。但晋国的让步还有更大的。十二年后，楚国又践踏着这盟约，把陈国灭了（五年后又把它复立，至前四七八年终灭之），晋人只装作不知。弭兵之会后不久，晋人索性从争霸场中退出了。晋国的“虎头蛇尾”是有苦衷的。此会之前，晋国已交入一个蜕变的时期。在这时期中，它的主权从公室移到越来越少的氏室，直至它裂为三国才止。在这蜕变的时期中，它只有蛰伏不动。但楚国且慢高兴，当它灭陈的时候，新近暴发的吴国已蹑在它脚后了。

战国的七雄

吕思勉

战国七雄，谁都知道以秦为最强。然而当其初年，实以秦为最弱。秦处关中，本杂戎狄之俗，其文化和生活程度，都较东方诸国为低。而战国初年，秦又时有内乱，魏人因之，攻夺其河西之地；而且北有上郡。现在陕西南部的汉中，则本属于楚。对于江、河两流域，秦人都并无出路。前三六〇年，已是入战国后一百十八年了。秦孝公即位，用商鞅，定变法之令，一其民于农战，秦遂骤强。前三四〇年，秦人出兵攻魏，取河西。魏弃安邑，徙都大梁。秦人又取上郡。于是关中之地，始全为秦人所有。

秦国的民风，本较六国为强悍，而其风气亦较质朴。秦国的政令，又较六国为严肃。所以秦兵一出，而六国都不能敌。于是苏秦说六国之君，合纵以摈秦。然六国心力不齐，纵约不久即解散。张仪又说六国连横以事秦。然秦人并吞之心，未必以六国服从为满足，而六国亦不能一致到底，六国相互之间，更不能无争战，所以横约的不能持久，亦与纵约同。

秦人灭六国，其出兵的路共有三条：一出函谷关，劫韩包周，此即今日自陕西出潼关到洛阳，而亦即周武王观兵孟津的路；一渡蒲津，北定太原，南攻上党，此即文王戡耆之路；一出武关，取南阳，又出汉中，取巴蜀，沿江汉而下，三道并会于湖北以攻楚。文王当日化行江、汉，亦就是这一条路。

秦既破魏，取河西，后又灭蜀。蜀是天府之国，其人民虽稍弱，而地方则极富饶，于秦人的经济大有裨益。于是秦人的东方经略开始。前三一三年，秦人败楚，取汉中。前三一一年，攻韩，拔宜阳。前二八〇年，秦又伐楚取黔中。于是江、汉两流域，秦人皆据上游之势。前二七五年，白起遂伐楚。取鄢、邓、西陵。明年，又伐楚。拔郢，烧夷陵。楚东北徙都陈。后又徙都寿春。前二六〇年，秦伐韩，拔野王。上党路绝，降赵，秦败赵军于长平，坑降卒四十万。遂拔上党，北定太原。于是韩、赵、魏三国，都在秦人控制之下。前二五七年，秦遂围赵都邯郸。当这六国都岌岌待亡之时，列国虽发兵以救赵，然多畏秦兵之强，不敢进。幸得魏公子无忌，窃其君之兵符，夺魏将晋鄙之军以救赵，击败秦兵于邯郸下。赵国乃得苟延残喘。

然而六国的命运，终于不能久持。前二五六年，久已无声无息的周朝，其末主赧王，忽而谋合诸侯攻秦。秦人出兵攻周，周人不能抵抗。赧王只得跑到秦国，尽献其地，周室于是灭亡。前二三一年，秦人灭韩。前二二八年，灭赵。这时候，赵人已拓境至代。于是赵公子嘉自立为代王，与燕合兵军上谷。燕太子丹使荆轲入秦，谋刺秦王，不克。秦大发兵围燕。燕王奔辽东。前二二五年，秦灭魏。前二二三年，灭楚。明年，大发兵攻辽东，灭燕，还灭代。又明年，自燕南袭齐，灭之。于是六国尽亡。其春秋时代较小的国：则许先灭于郑。郑亡于韩。曹灭于宋。宋在战国时，其王偃曾一强盛，然不久即灭于齐。陈、蔡及鲁，则均亡于楚。唯卫国最后亡。直到秦二世元年，即前二〇九年，才迁其君而绝其祀。然而偌大一个中国，区区一卫算得什么？公元前二二一年，秦始皇灭齐之岁，史家就算他是中国一统。

春秋战国的学术思想

吕思勉

我国的学术思想，起源是很早的。然其大为发达，则在春秋战国之世。因为西周以前，贵族平民的阶级较为森严。平民都胼手胝足，从事于生产，没有余闲去讲求学问。即有少数天才高的人，偶有发明，而没有徒党为之授受传播，一再传后，也就湮没不彰了。所以学术为贵族所专有。贵族之中，尤其是居官任职的，各有其特别的经验，所以能各成为一家之学。东周以后，封建政体渐次破坏。居官任职的贵族，多有失其官守，降为平民的。于是在官之学，一变而为私家之学。亦因时势艰难，仁人君子都想有所建明，以救时之弊，而其时社会阶级，渐次动摇，人民能从事于学问的亦渐多，于是一个大师往往聚徒至于千百，而学术之兴遂如风起云涌了。

先秦学术，司马迁《史记·太史公自序》载其父谈之论，分为阴阳、儒、墨、名、法、道德六家。《汉书·艺文志》，益以纵横家、杂家、农家、小说家，是为诸子十家。其中除去小说家，谓之九流。《汉志》推原其始，以为都出于王官。此外兵书分权谋、形势、阴阳、技巧四家；数术分天文、历谱、五行、蓍龟、杂占、形法六家；以及方技略之医经、经方二家，推原其始，亦都是王官之一守，为古代专门之学。其与诸子各别为略，大约因校书者异其人之故。

诸家的学术，当分两方面观之。其一古代本有一种和宗教混合的哲学。其宇宙观和人生观，为各家所同本。如阴阳五行以及万物之原质为气等思想。其二则在社会及政治方面，自大同时代，降至小康，再降而入于乱世，都有很大的变迁。所以仁人君子，各思出其所学以救世。其中最有关系的，要推儒、墨、道、法四家。大抵儒家是想先恢复小康之治的，所以以尧、舜、禹三代为法。道家则主张径复大同之治，所以要归真返璞。法家可分法术两方面：法所以整齐其民，术则所以监督当时的政治家，使其不能以私废公的。墨家舍周而法夏。夏代生活程度较低，迷信亦较甚。其时代去古未远，人与人间的竞争，不如后世之烈。所以墨子主张贵俭、兼爱，而以天志、明鬼为耸动社会的手段。此外，名家是专谈名理的。虽然去实用较远，然必先正名，乃能综核名实，所以名法二字往往连称。农家，《汉志》谓其“欲使君臣并耕，悖上下之序”，所指乃《孟子》书所载的许行。大约是欲以古代农业共产的小社会为法的，其宗旨与道家颇为相近。纵横家只谈外交，则与兵家同为一节之用了。

阴阳家者流，似乎脱不了迷信的色彩。然而此派是出于古代司天之官的。所以《汉志》说“敬授民时”是其所长。古代《明堂月令》之书，规定一年行政的顺序和禁忌，和国计民生很有关系，不能因其理论牵涉迷信，就一笔抹杀的。诸子中的阴阳家和数术略诸家关系极密。数术略诸家，似亦不离迷信。然《汉志》说形法家的内容，是“形人及六畜骨法之度数，器物之形容，以求其声气贵贱吉凶。犹律有长短，而各征于声，非有鬼神，数自然也”。其思想，可谓近乎唯物论。设使此派而兴盛，中国的物质之学，必且渐次昌明。惜乎其应声很少，这一派思想就渐渐地消沉了。

古代的学问，都是所谓专门之学。凡专门之学，对于某一方面必然研究得很深。对于另一方面，即不免有轻视或忽略之弊。此由当时各种学问初兴，传播未广之故。只有杂家，《汉志》称其“兼名、法，合儒、墨”，却颇近于后世的通学。

诸家的学问，都出于官守。只有小说家，《汉志》称为“街谈巷语，道听途说者所造”，似乎是民间流传之说。今其书已尽亡。唯据《太平御览》引《风俗通》，则“城门失火，殃及池鱼”之说，实出于小说家中的《百家》。则其性质，亦可想见了。

第 三 辑
秦汉风云

秦始皇，向来都说他是暴君，把他的好处一笔抹杀了，其实这是冤枉的。他的政治实在是抱有一种伟大的理想的。这亦非他一人所能为，大约是法家所定的政策，而他据以实行的。

秦的变法

张荫麟

秦的发祥地在渭水上游的秦川的东岸（今甘肃天水县境），周孝王时，嬴姓的非子因替王室养马蕃息的功劳，受封在这里，建立了一个近畿的“附庸”。宣王时，秦庄公以讨伐犬戎有功受命为西垂大夫。及平王东迁，秦襄公带兵去扈卫，平王感念他的殷勤，才把他升在诸侯之列。这时畿内的丰岐一带已沦入犬戎，平王索性更做一个不用破费的人情，把这一带地方许给了秦，假如它能将犬戎驱逐。此后秦人渐渐地东向开拓，到了穆公的时代，更加猛进。穆公是春秋的霸主之一。他曾俘获了晋惠公，拿来换取晋国的河西地方；又灭梁，灭芮，都是黄河西岸与晋邻近的小国。他又潜师远出，希图灭郑，若不是郑商人弦高把噩耗发现得早，向祖国报讯得快，秦的铁手此时也许便伸入中原了。秦的东侵是晋的大忌。秦师这次由郑旋归，晋人也顾不得文公新丧，墨绖兴兵，把他们拦路截击，杀个惨败。后来穆公虽报了此仇，他东向的出路到底给晋人用全力扼住了。他只得回过头去“霸西戎”，结果，“兼国十二，开地千里”。穆公死时（前六二一年），秦人已占有渭水流域的大部分，已奠定一个头等国的基础。但此后二百多年间，秦的内部停滞不进，而晋始终保持着霸国的地位，继续把秦人东出的路堵住。

当战国开场的前后，秦在“七雄”中算是最不雄的一国，自前四二八年以降，四十多年间，它的政治出了常轨，大权落在乱臣手中。在这时期中，它有一个君主被迫自杀，一个太子被拒不得继位，另一个君主和母后一同被弑，沉尸深渊。魏人乘秦内乱，屡相侵伐，并且夺回穆公所得到的河西地方。

穆公的霸图的追续是自献公始。他即位的次年（前三八三年）便把国都从雍（今陕西凤翔县）东迁到栎阳（今陕西临潼县东北）。他恢复君权，整饬军旅，两败魏师。但秦国更基本的改革，更长足的进展，还要等待继他位的少年新君孝公和一个来自卫国的贵族少年公孙鞅。

公孙鞅原先游仕在魏。传说魏相公叔痤病到要死时，魏君

（即日后的惠王）请他举荐继任的人，他便以卫鞅对。魏君默然不语。公叔痤更嘱咐道：若不用这人，必得设法把他杀掉，勿令出境。魏君答应去后，公叔痤立即唤叫卫鞅前来，把刚才的谈话告诉了他，劝他快走。他不慌不忙答道：魏君不能听你的话用我，又怎能听你的话杀我呢？后来闻得孝公即位，不令求贤，他才挟着李悝的《法经》，走去秦国。

前三五九年（孝公三年），孝公用卫鞅计颁布第一次的变法令。这令的内容包括两方面：（一）是刑法的加严加密。人民以十家或五家为一组，若一家犯法，其他同组诸家得连同告发，知情不举的腰斩；告发本组以外奸恶的与斩敌首同赏，藏匿奸人的与降敌同罚。（二）是富强的新策。凡不做耕织的游民收为公家的奴隶，努力耕织多致粟帛的人民免除徭役；家有两男以上不分居的纳加倍的人口税，私相殴斗的分轻重惩罚；非有军功的人不得受爵；服饰、居室和私有的田土奴婢的限度，按爵级区别，因此没有军功的人虽富也不得享受。这新法施行十年后，秦国家给人足，盗贼绝踪，百姓从诅咒转而歌颂。这新法的成效更表现在卫鞅的武功，前三五二年，他亲自领兵征魏，把魏的旧都安邑也攻破了。此役后二年，卫鞅又发动第二步的改革。把国都迁到渭水边的咸阳，在那里重新筑起宏伟的城阙和宫殿；统一全国的度量衡；把全国的城邑和村落归并为三十一县，每县设县令、丞（正副县长）；把旧日封区的疆界一概铲平，让人民自由占耕未垦辟的土地，让国家对人民直接计田征税。第二步改革完成后，卫鞅于前三四〇年又领兵征魏，把魏将公子卬也虏了回来。于是孝公封卫鞅于商，为商君，后人因此称他为商鞅。但他的末日也快到了。先时第一次变法令公布后，人人观望怀疑。适值太子犯法。卫鞅便拿他做一个榜样，把他的师傅公子虔黥了。后来公子虔自己犯法，又给卫鞅劓了。前三三八年孝公死，太子继位后的第一件大事便是把商鞅族诛。但商鞅的政策却继续被采用。

秦地本是戎狄之区。西周的京畿虽建在其上，文明的透入始终不深，好比一件锦衣覆着褴褛。周室东迁后，锦衣一去，便褴褛依然。直至孝公变法时，秦人还不脱戎狄之俗。例如他们还父兄子弟和姑媳妯娌同寝一室，这大约是沿着游牧时代以一个帐幕为一家的经济办法。这种陋俗经商鞅的严禁才消灭。又例如秦国地道的音乐，直至战国晚年，还是“击瓮叩缶，弹筝搏髀，而歌呼呜呜”。没有受文明的雅化，也就没有受文明的软化。在六国中秦人是最犷野矫健的。商鞅的严刑峻法给他们养成循规蹈矩的习惯，商鞅的特殊爵赏制度使得对外战争成了他们唯一的出路。以最强悍、最有纪律的民族，用全力向外发展，秦人遂无敌于天下。

商鞅死后约莫七八十年，赵国的大儒荀卿游秦。据他所记，这时商鞅变法的成绩还历历可见。荀卿说：

（秦之）国塞险，形势便，山林川谷美，天材之利多，是形胜也。入境观其风俗：其百姓朴，其声乐不流（淫荡）污（猥亵），其服不挑（佻），甚畏有司而顺。……及都邑官府：其百吏肃然，莫不恭俭、敦敬、忠信。……入其国（首都），观其士大夫……不比周，不朋党，倜然莫不明通而公也。……观其朝廷，其朝（早）间听决，百事不留，恬然如无治者。

荀卿的弟子韩非也说：

今……（六国）言赏则不与，言罚则不行。赏罚不信，故士民不死也。今秦出号令而行赏罚，有功无功，相事也。……是故秦战未尝不克，攻未尝不取，所当未尝不破。

信赏必罚正是商鞅的政术。荀卿又曾比较齐、魏和秦的强兵政策道：

齐人隆技击。……得一首者则赐赎锱（八两）金，无本赏矣（本赏大约是指战胜攻取之赏）。是事小，敌毳（脆），则偷可用也；事大，敌坚，则涣然离耳。……是亡国之兵也。……魏氏之武卒，以度取之（按一定标准挑选）：衣三属

（层）之甲，操十二石之弩，负服矢五十个，置戈其上，冠（胄）带剑，赢（背）三日之粮，日中而趋百里。中试则复其户（免除赋役），利其田宅（给以好田宅）。是数年而衰，而未可夺也（合格的武卒，几年便衰弱不可用。但其特权却不能剥夺）。……是故地虽大，其税必寡，是危国之兵也。秦人，其生民也狭厄（给人民的生路狭隘），其使民也酷烈。……忸（狃）之以庆赏，鳍（蹭）之以刑罚，使……民所以要利于上者，非斗无由也。厄（压迫）而用之，得而后功之（胜利才算功，不但计首级），功赏相长也。……故齐之技击，不可以遇魏氏之武卒；魏氏之武卒，不可以遇秦之锐士。

所说齐、魏的兵制，不知创行于何时，所说秦国的兵制正是商鞅所创的。

吕不韦与嬴政

张荫麟

秦皇扫六合，虎视何雄哉！
飞剑决浮云，诸侯尽西来。
明断自天启，大略驾群才。
收兵铸金人，函谷正东开。
铭功会稽岭，骋望琅琊台。
刑徒七十万，起土骊山隈。
尚采不死药，茫然使心哀！
连弩射海鱼，长鲸正崔嵬。
额鼻象五岳，扬波喷云雷。

髻鬣蔽青天，何由睹蓬莱？
徐市载秦女，楼船几时回？
但见三泉下，金棺葬寒灰！

（李白《古风》之一）

这首壮丽的诗是一个掀天揭地的巨灵的最好速写。这巨灵的来历，说来话长。

当长平之战前不久，有一个秦国王孙，名子楚的，被“质”在赵。他是太子安国君所生，却非嫡出，他的母亲又不得宠，因此赵人待他很冷薄，他连王孙的排场也苦于维持不住。但是阳翟（韩地）大贾吕不韦在邯郸做卖买，一看见他，便认为是“奇货可居”。

不韦见子楚，说道：“我能光大你的门庭。”子楚笑道：“你还是去光大自己的门庭罢！却来光大我的！”不韦说：“你有所不知，我的门庭要等你的来光大。”子楚明白，便和他商量两家光大门庭的办法。原来安国君最爱幸的华阳夫人没有生育的希望，安国君还没有立嗣。不韦一面献上巨款，给子楚结交宾客，沽钓声色，一面辇了巨款，亲到秦国，替他运动。不久华阳夫人便收到许多子楚孝敬的珍宝，不久她便时常听到人称赞子楚的贤能，不久她的姊姊便走来替她的前途忧虑，大意说道：“妹妹现在是得意极了。但可曾想到色衰爱弛的一天？到时有谁可倚靠！就算太子爱你到老，他百岁之后，继位的儿子，要和自己母亲吐气，你的日子就不好过。子楚对你的孝顺，却是少有的。何不趁如今在太子跟前能够说话的时候，把他提拔，将来他感恩图报，还不是同自己的儿子一般？”华阳夫人一点头，子楚的幸运便决定。

不韦回到邯郸时，子楚已成了正式的王太孙。不韦也被任为他的师傅。他们成功之后，不免用美人醇酒来庆祝一番。邯郸在战国以美女著名。不韦的爱姬，尤其是邯郸美女的上选，妙擅歌舞。有次她也出来奉酒，子楚一见倾心，便要不韦把她相让。不韦气得要死，但一想过去的破费和将来的利益，只得忍气答应。赵姬既归子楚，不到一年（正当长平之战后一年），产了一子，即是后来做秦王和秦始皇帝的嬴政。当时传说，赵姬离吕家之时，已经孕了嬴政。但看后来不韦所受嬴政的待遇，这传说多半是谣言。

嬴政于前二四六年即王位，才十三岁。这时不韦是食邑十万户的文信侯，位居相国；他从前的爱妾，已做了太后，并且和他私续旧欢。不韦的权势可以想象。他的政治野心不小，他招贤礼士，养客三千，打算在自己手中完成统一的大业。但嬴政却不是甘心做傀儡的。他即位第九年，太后的姘夫嫪毐在咸阳反叛，他用神速的手段戡定了乱事以后，乘机把太后的政权完全褫夺；并且株连到吕不韦，将他免职，逐归本封的洛阳，过了两年，又把他贬到蜀郡。在忧忿夹攻之下，不韦服毒自杀。

不韦以韩人而执秦政，他所客养和援用的又多三晋人，和他结交的太后又是赵女。这种“非我族类”的势力是秦人所嫉忌的。不韦罢相的一年（秦王政十年），适值“郑国渠”事件发生，更增加秦人对外客的疑惧。郑国也是韩人，为有名的水利工程师。韩廷见亡国的大祸迫在眉睫，派他往秦，劝秦廷开凿一条沟通泾水和洛水的大渠，借此消磨秦的民力，延缓它的对外侵略。这渠才凿了一半，郑国的阴谋泄露。其后嬴政虽然听了郑国的话，知道这渠也是秦国的大利，把它完成，结果辟田百万多顷，秦国更加富强；但郑国阴谋的发现，使秦宗室对于游宦的外客振振有词。嬴政于是下了有名的“逐客令”，厉行搜索，要把外籍的游士统统赶走。这命令因为李斯的劝谏而取消。但不韦自杀后，嬴政到底把所有送他丧的三晋门客驱逐出境。可见逐客令是和不韦有关的，也可见不韦的坍台是和种族之见有关的。

秦朝治天下的政策

吕思勉

秦始皇尽灭六国，事在公元前二二一年，自此至公元一八九年，董卓行废立，东方州郡，起兵讨卓，海内扰乱分裂，共四百十年，称为中国的盛世。在这一时期之中，中国的历史，情形是怎样呢？“英雄造时势”，只是一句夸大的话。事实上，英雄之所以成为英雄，正因其能顺着时势进行之故。“时势造英雄”这句话倒是真的，因为他能决定英雄的趋向。然则在这一个时期之内，时势的要求，是怎样呢？依我们所见到的，可以分为对内、对外两方面：对内方面，在列国竞争之时，不能注全力于内治；即使注意到，亦只是局部的问题，而不能概括全体，只是一时的应付，而不能策画永久。统一之后，就不然了。阻碍之力既去，有志于治平的，就可以行其理想。对外方面，当时的人看中国已经是天下的一大部分了。未入版图的地方，较强悍的部落，虑其为中国之患，该有一个对策；较弱小的，虽然不足为患，然亦是平天下的一个遗憾，先知先觉的中国人，在力所能及的范围内，亦有其应尽的责任。

秦始皇所行的，正顺着这种趋势。

在古代，阻碍平天下最大的力量，自然是列国的纷争。所以秦并吞六国之后，决计不再行封建，“父兄有天下，而子弟为匹夫”。郡的设立，本来是军事上控扼之点，六国新灭，遗民未曾心服，自然有在各地方设立据点的必要。所以秦灭六国，多以其地设郡。至六国尽灭之后，则更合全国的情形，加以调整，分天下为三十六郡。当时的郡守，就是一个不世袭的大国之君，自亦有防其专擅的必要。所以每郡又都派一个御史去监察他（当时还每郡都设立一个尉，但其权远在郡守之下，倒是不足重视的）。

要人民不能反抗，第一步办法，自然是解除其武装。好在当时，金属铸成的兵器为数有限，正和今日的枪械一般，大略可以收尽的。于是收天下之兵，聚之咸阳，铸以为金人和锺、鐻（秦都咸阳，今陕西咸阳县）。

最根本的，莫过于统一人民的心思了。原来古代社会，内部没有矛盾，在下者的意见，常和在上者一致，此即所谓“天下有道，则庶人不议”(《论语·季氏》)。后世阶级分化，内部的矛盾多了，有利于这方面的就不利于那方面。自然人民的意见，不能统一。处置之法，最好的是使其利害相一致；次之则当求各方面的协调，使其都有发表意见的机会；此即今日社会主义和民主政治的原理。但当时的人，不知此理。他们不知道各方面的利害冲突了，所以有不同的见解，误以为许多方面，各有其不同的主张，以致人各有心，代表全国公益的在上者的政策不能顺利进行。如此，自有统一全国人的心思的必要。所以在《管子·法禁》《韩非子·问辨》两篇中，早有焚书的主张。秦始皇及李斯就把他实行了。

把关涉到社会、政治问题的“诗、书、百家语”都烧掉，只留下关系技术作用的医药、卜筮、种树之书。涉及社会、政治问题的，所许学的，只有当代的法令；有权教授的人，即是当时的官吏。若认为始皇、李斯此举，不合时代潮流，他们是百口无以自解的，若认为有背于古，则实在冤枉。他们所想回复的，正是古代“政教合一，官师不分”之旧。古代的情形是如此，清朝的章学诚是发挥得十分透彻的（坑儒一举，乃因有人诽谤始皇而起，意非欲尽灭儒生，并不能与焚书之事并论）。

以上是秦始皇对内的政策。至于对外，则北自阴山以南，南自五岭以南至海，秦始皇都认为应当收入版图。于是使蒙恬北逐匈奴，取河南之地，今之河套。把战国时秦、赵、燕三国北边的长城连接起来，东起现在朝鲜境内（秦长城起自乐浪郡遂城县，见《汉书·地理志》），西至现在甘肃的岷县，成立了一道新防线。南则略取现在广东、广西和越南之地，设立了桂林、南海、象三郡（大略桂林是今广西之地，南海是今广东之地，象郡是今越南之地），取今福建之地，设立了闽中郡。楚国庄蹻所开辟的地方，虽未曾正式收入版图，亦有一部分曾和秦朝交通，秦于其地置吏。

秦始皇，向来都说他是暴君，把他的好处一笔抹杀了，其实这是冤枉的。看以上所述，他的政治实在是抱有一种伟大的理想的。这亦非他一人所能为，大约是法家所定的政策，而他据以实行的。这只要看他用李斯为宰相，言听计从，焚诗书、废封建之议，都出于李斯而可知。政治是不能专凭理想，而要顾及实际的情形的，即不论实际的情形能行与否，亦还要顾到行之之手腕。秦始皇的政策虽好，行之却似过于急进。北筑长城，南收两越，除当时的征战外，还要发兵戍守；既然有兵戍守，就得运粮饷去供给；这样，人民业已不堪赋役的负担。他还沿着战国以前的旧习惯，虐民以自奉。造阿房宫，在骊山起坟茔（骊山，在今陕西临潼县），都穷极奢侈；还要到处去巡游。统一虽然是势所必至，然而人的见解，总是落后的，在当时的人，怕并不认为合理之举，甚而至于认为反常之态。况且不必论理，六国夷灭，总有一班失其地位的人，心上是不服的，满怀着报仇的愤恨和复旧的希望；加以大多数人民的困于无告而易于煽动，一有机会，就要乘机而起了。

项羽与巨鹿之战

张荫麟

项燕的先人累世做楚将，封于项，因以项为氏，而家于下相。项燕有子名项梁，梁有侄名项籍，字羽。项羽少时学书不成，弃去；学剑，又不成。项梁怒责他。他说：书写只可以记姓名罢了，剑是一人敌，也不值得学，要学万人敌！项梁于是教他兵法。他略通大意，再不深求。项梁曾因事杀人，带着项羽，逃匿于吴（今吴县，秦会稽郡治），吴中名士大夫都奉他为领袖，遇着地方有大徭役或大丧事，每请项梁主办，项梁暗中用兵法部勒宾客子弟，因此他的干才为人所知。项羽长成，身材魁岸，力能扛鼎，尤为吴中子弟所敬畏。

二世元年九月，会稽郡守和项梁商议起兵响应陈涉，打算派项梁和某人为将，是时某人逃匿山泽中。项梁说，只有他的侄子知道某人所在。说完，离座外出，对项羽嘱咐了一番，又走进来，请郡守传见项羽，使召某人。项羽进见后，项梁向他使个眼色，说道："可以了！"项羽拔剑，砍下郡守的头。项梁拿着郡守的首级佩了他的印绶。项羽连杀了好几十人，阖署慑伏听命，共奉项梁为会稽守。项梁收召徒众，得八千人。项羽为裨将，时年二十四。

二世二年二月项梁叔侄率兵渡江而西。先是广陵人召平为陈胜取广陵不下，闻陈胜败走。秦兵将到，渡江至吴，假传陈胜之命，拜项梁为上柱国。项梁一路收纳豪杰，到了下邳（今江苏邳县）已有了六七万人。离下邳不远，在彭城之东，有秦嘉所领的一支义军，奉景驹（旧楚贵族景氏之后）为楚王。是时陈胜的下落，众尚不知。项梁声言秦嘉背叛陈王擅立景驹大逆不道，即进击之。秦嘉败死，军降，景驹走死。

既而项梁得知陈胜确实已死，乃从居巢老人范增之策，访得楚王之孙（名心）于牧场中，立以为王，仍号楚怀王，都于盱眙（安徽今县），项梁自号武信君；这是六月的事。

自四月至八月间，项梁军叔侄与秦军转战于今苏北鲁南及豫东一带，连获大捷。项梁由此轻视秦军，时露骄色，部下宋义劝谏他道：战胜而将骄卒惰乃是败征；现在士卒已渐形怠懈，而秦兵日增，大可忧虑。项梁不以为意。九月章邯得到关中派来众盛的援兵之后，还击楚军，大破之于定陶，项梁战死。

章邯破项梁军，认为楚地无足忧虑，乃渡河击赵。先是赵地内乱，武臣被杀，张耳、陈余访得赵王室之后赵歇，继立为赵王，居信都。章邯入邯郸，迁其民于河内，夷其城郭。张耳与赵王走入巨鹿城，章邯使王离围之，而自军于巨鹿南。陈余北收兵于常山得数万人，军于巨鹿北。巨鹿城被围数月，粮乏兵单，危在旦夕，救援于陈余，而陈自以力薄非秦敌，按兵不肯动。

项梁死后，楚军集中于彭地附近，怀工亦移节于彭城。巨鹿围急求救于诸侯，怀王拟派兵赴之。宋义自预言项梁之败而中，以知兵名于楚军。怀王召他来筹商，听了他的议论，大为赞赏，派他为援赵军的统帅，称上将军，以长安侯项羽为次将军，范增末将。宋义行至安阳（河南今县），逼留四十六日不进，项羽主张急速渡河，与赵军内外夹击秦军。宋义却主张先让赵秦决战；然后秦胜则乘其疲敝而击之，秦败则引兵西行，乘虚袭取咸阳。于是严申军令，禁止异动。宋义派其子某为齐相，大排筵席为其饯行。是时岁荒粮绌，又适值天寒大雨，士卒饥冻。项羽昌言军中，责备宋义但顾私图，不恤士卒，不忠楚王。一天早晨，项朝见宋义，就在帐中把他的头砍下，号令军中；说他通齐反楚，奉怀王令把他诛戮。诸将尽皆慑服，共推他为“假上将军”。项羽使人报告怀王，怀王就派他代为上将军。自杀了宋义之后，项羽威震楚国，名闻诸侯。

项羽既受了援赵军统帅之任，立即派二万人渡河救巨鹿，先锋连获小胜，陈余又请添兵。项羽于是率全军渡河。既渡，凿沉船只，破毁釜甑，焚烧房舍，令士卒每人只带三日粮，示以决死无归还之心。既至巨鹿，反围王离，九战秦军，绝其粮道，大破之，王离被虏，其部下要将或战死或自杀。这是二世三年十二月的事。先是诸侯援军营于巨鹿城外的，不下十几个壁垒，都不敢出战。及楚军开始进攻，诸侯军将领皆从壁上观看。楚兵无不以一当十，呐喊声动天地，诸侯军士卒无不心惊胆震。项羽既破秦军，召见诸侯军将领，他们将入辕门，个个膝行而前，不敢抬头瞧望。于是项羽成了联军的统帅，诸侯军将领皆隶他麾下。

是时章邯尚军于巨鹿南，外见迫于项羽，内受二世的责备，又见疾于赵高，陷入进退维谷之境。陈余乘机投书给他，说道：

白起为秦将，南征鄢郢，北坑马服（马服谓赵将马服君赵奢，此指长平之战），攻城略地，不可胜计，而竟赐死。蒙恬为秦将，北逐戎人，开榆中地数千里，竟斩阳周。何者？功多，秦不能尽封，因以法诛之。今将军为秦将三岁矣，所失亡以十万数，而诸侯并起，滋益多。彼赵高素谀日久，今事急。亦恐二世诛之，故欲以法诛将军以塞责，使人更代将军，以脱其祸。夫将军居外久，多内隙，有功亦诛，无功亦诛。且天之亡秦，无愚智皆知之。今将军内不能直谏，外为亡国将，孤特独立，而欲常存，岂不哀哉！将军何不还兵，与诸侯为纵，约共攻秦，分王其地，南面称孤，此熟与身伏质，妻子为戮乎？

章邯得书，心中更加狐疑，秘密派人和项羽议降。议未成，项羽连接进击章邯军，大破之。章邯遂决意投降。项羽以军中粮绌许之。二世三年七月，章邯与项羽相会于洹水南殷墟上（即今安阳殷墟），立盟定约。章邯与项羽言及赵高事，为之泪下。

前汉的衰亡

吕思勉

汉武帝死后，汉朝是经过一次政变的，这件事情的真相，未曾有传于后。武帝因迷信之故，方士神巫，多聚集京师，至其末年，遂有巫蛊之祸，皇后自杀。太子据发兵，把诬陷他和皇后的江充杀掉。武帝认为造反，亦发兵剿办。太子兵败出亡，后被发觉，自缢而死。当太子死时，武帝儿子存在的，还有燕王旦、广陵王胥、昌邑王髆，武帝迄未再立太子。前 87 年，武帝死，立赵婕妤所生幼子弗陵，是为昭帝。霍光、上官桀、桑弘羊、金日磾同受遗诏辅政。赵婕妤先以谴死。褚先生《补外戚世家》说：是武帝怕身死之后，嗣君年少，母后专权，先行把她除去的。《汉书·霍光传》又说：武帝看中了霍光，使画工画了一幅周公负成王朝诸侯的图赏给他。武帝临死时，霍光问当立谁？武帝说："立少子，君行周公之事。"这话全出捏造。武帝生平溺于女色；他大约是个多血质的人，一生行事，全凭一时感情冲动；安能有深谋远虑，豫割嬖爱？霍光乃左右近习之流，仅可以供驱使。上官桀是养马的。金日磾系匈奴休屠王之子，休屠王与浑邪王同守西边，因不肯降汉，为浑邪王所杀，乃系一个外国人，与中国又有杀父之仇。朝臣中即使无人，安得托孤于这几个人？当他们三个人以武帝遗诏封侯时，有一个侍卫，名唤王莽，他的儿子唤作王忽，扬言道："皇帝病时，我常在左右，哪里有这道诏书？"霍光闻之，切责王莽，王莽只得把王忽杀掉。然则昭帝之立，究竟是怎样一回事，就可想而知了。昭帝既立，燕王谋反，不成而死。桑弘羊、上官桀都以同谋被杀。霍光的女儿，是上官桀的儿媳妇，其女即昭帝的皇后。上官桀大约因是霍光的亲戚而被引用，又因争权而翻脸的，殊不足论，桑弘羊却可惜了（金日磾于昭帝元年即死，故不与此次政变）。前七四年，昭帝死，无子。霍光迎立昌邑王的儿子贺，旋又为光所废，而迎太子据之孙病已于民间，是为宣帝。昌邑王之废，表面上是无道，然当昌邑群臣二百余人被杀时，在市中号呼道"当断不断，反受其乱"，则昌邑王因何被废，又可想而知了。太子据败时，妻妾子女悉被害，只有一个宣帝系狱，此事在前九一年。到前八七年，即武帝死的一年，据说，有望气者说："长安狱中有天子气。"武帝就派使者，"分条中都官狱系者，轻重皆杀之。"幸而有个丙吉，"拒闭使者"，宣帝才得保全。因而遇赦。案太子死后，武帝不久即自悔。凡和杀太子有关的人，都遭诛戮。太子系闭门自缢，脚踏开门和解去他自缢的绳索的人都封侯。上书讼太子冤的田千秋，无德无能，竟用为丞相。武帝的举动如此，宣帝安得系狱五年不释？把各监狱中的罪人，不问罪名轻重，尽行杀掉，在中国历史上，是从来没有这回事的，这是和中国，至少是有史以来的中国的文化不相容的，武帝再老病昏乱些，也发不出这道命令。如其发出了，拒绝不肯执行的，又岂止一个丙吉？然则宣帝是否武帝的曾孙，又很有可疑了。今即舍此勿论，而昌邑王以有在国时的群臣，为其谋主，当断不断而败，宣帝起自民间，这一层自然无足为虑，这怕总是霍光所以迎立他的真原因了罢。宣帝既立，自然委政于光，立六年而光死，事权仍在霍氏手里。宣帝不动声色地，逐渐把他们的权柄夺去，任用自己的亲信。至前六六年，霍氏被诛灭。

霍光的事情，真相如此。因为汉时史料缺乏，后人遂认为他的废立是出于公心的，把他和向来崇拜的偶像伊尹连系在一起，称为伊、霍。史家的易欺，真堪惊叹了。当时朝廷之上，虽有这种争斗，影响却未及于民间。武帝在时，内行奢侈，外事四夷，实已民不堪命。霍光秉政，颇能轻徭薄赋，与民休息。宣帝起自民间，又能留意于吏治和刑狱。所以昭、宣两帝之世，即自前八六至前四九年凡三十八年之间，政治反较武帝时为清明，其时汉朝对于西域的声威，益形振起。前六〇年，设立西域都护，兼管南北两道。匈奴内乱，五单于并立，后并于呼韩邪。又有一个郅支单于，把呼韩邪打败。前五一年，呼韩邪入朝于汉。郅支因汉拥护呼韩邪，遁走西域。前四九年，宣帝崩，子元帝立。前三六年，西域副都护陈汤矫诏发诸国兵袭杀郅支。汉朝国威之盛，至此亦达于极点。然有一事，系汉朝政治败坏的根源，其端实开自霍光秉政之时的，那便是宰相之权，移于尚书。汉朝的宰相是颇有实权的。全国的政治，都以相府为总汇，皇帝的秘书御史，不过是他的助手，尚书乃皇帝手下的管卷，更其说不着了。自霍光秉政，自领尚书，宰相都用年老无气和自己的私人，政事悉由宫中而出，遂不能有正色立朝之臣。宣帝虽诛灭霍氏，于此却未能矫正。宦者弘恭、石显，当宣、元之世，相继在内用事。元帝时，士大夫如萧望之、刘向等，竭力和他们争斗，终不能胜。朝无重臣，遂至嬖幸得干相位，外戚得移朝祚，西汉的灭亡，相权的丧失，实在是一个重要的原因。而且其事不但关涉汉朝，历代的政治，实都受其影响。

元帝以前三三年死，子成帝立。成帝是个荒淫无度的人，喜欢了一个歌者赵飞燕，立为皇后，又立其女弟合德为婕妤。性又优柔寡断，事权遂入于外家王氏之手。前七年，成帝崩，哀帝立，颇想效法武、宣，振起威权。然宠爱嬖人董贤，用为宰相，朝政愈乱。此时王氏虽一时退避，然其势力仍在。哀帝任用其外家丁氏，祖母族傅氏，其中却并无人才，实力远非王氏之敌。前一年，哀帝崩，无子，王莽乘机复出，迎立平帝。诛灭丁、傅、董贤，旋弑平帝而立孺子婴（哀、平二帝皆元帝孙，孺子为宣帝曾孙）。王莽从居摄改称假皇帝，又从假皇帝变作真皇帝，改国号为新，而前汉遂亡。此事在公元九年。

后汉的盛衰

吕思勉

后汉自公元二五年光武帝即位起，至二二〇年为魏所篡止，共计一百九十二年；若算到公元一八九年董卓行废立，东方起兵讨卓，实际分裂之时为止，则共得一百七十五年；其运祚略与前汉相等，然其国力的充实，则远不如前汉了。这是因为后汉移都洛阳，对于西北两面的控制，不如前汉之便；又承大乱之后，海内凋敝已极，休养未几，而羌乱即起，其富力亦不如前汉之盛之故。两汉四百年，同称中国的盛世，实际上，后汉已渐露中衰之机了。光武帝是一个实际的政治家。他知道大乱之后，急于要休养生息，所以一味地减官省事，退功臣，进文吏。位高望重的三公，亦只崇其礼貌，而自己以严切之法，行督责之术，虽然有时不免失之过严，然颇得专制政治“严以察吏，宽以驭民”的秘诀，所以其时的政治，颇为清明。公元五七年，光武帝崩，子明帝立，亦能守其遗法。七五年，明帝崩，子章帝立，政治虽渐见宽弛，然尚能蒙业而安。章帝以公元八八年崩。自公元三六年公孙述平定至此，共计五十二年，为东汉治平之世。匈奴呼韩邪单于约诸子以次继立。六传至呼都而尸单于，背约而杀其弟。前单于之子比，时领南边，不服。公元四八年，自立为呼韩邪单于，来降。中国人处之于今绥远境内。匈奴自此分为南北。北匈奴日益衰乱。公元八九年，南单于上书求并北庭。时和帝新立，年幼，太后窦氏临朝。后兄窦宪犯法，欲令其立功自赎，乃以宪为大将军，出兵击破匈奴。后年，又大破之于金微山（大约系今蒙古西北的阿尔泰山）。北匈奴自此远遁，不能为中国之患了。西域的东北部，是易受匈奴控制的。其西南部，则自脱离汉朝都护的管辖后，强国如莎车、于阗等，出而攻击诸国，意图并吞。后汉初兴，诸国多愿遣子入侍，请派都护。光武不许。明帝时，才遣班超出使。班超智勇足备，带了少数的人，留居西域，调发诸国的兵，征讨不服，至公元九一年而西域平定。汉朝复设都护，以超为之。后汉之于域外，并没有出力经营，其成功，倒亦和前汉相仿佛，只可谓之适值天幸而已。

后汉的乱源，共有好几个，其中最重要的，就是外戚和宦官。从前的皇室，其前身，本来是一个强大的氏族。氏族自有氏族的继承法。当族长逝世，合法继承人年幼时，从族中推出一个人来，暂操治理之权，谓之摄政。如由前族长之妻、现族长之母代理，则即所谓母后临朝。宗室分封于外，而中朝以外戚辅政，本来是前汉的一个政治习惯。虽然前汉系为外戚所篡，然当一种制度未至崩溃时，即有弊窦，人们总认为是人的不好，而不会归咎于制度的。如此，后汉屡有冲幼之君，自然产生不出皇族摄政的制度来，而只会由母后临朝；母后临朝，自然要任用外戚。君主之始，本来是和一个乡长或县长差不多的。他和人民是很为接近的。到后来，国家愈扩愈大，和原始的国家不知相差若干倍了，而君主的制度依然如故。他和人民，和比较低级的官吏，遂至因层次之多而自然隔绝。又因其地位之高，而自成养尊处优之势，关系之重，而不得不深居简出。遂至和当朝的大臣，都不接近，而只是和些宦官宫妾习狎。这是历代的嬖幸近习易于得志的原因，而也是政治败坏的一个原因。后汉外戚之祸，起于章帝时。章帝的皇后窦氏是没有儿子的。宋贵人生子庆，立为太子。梁贵人生子肇，窦后养为己子。后诬杀宋贵人，废庆为清河王，而立肇为太子。章帝崩，肇立，是为和帝。后兄窦宪专权。和帝既长，与宦者郑众谋诛之，是为后汉皇帝和宦官合谋以诛外戚之始。

一〇五年，和帝崩。据说和帝的皇子，屡次夭殇，所以生才百余日的殇帝，是寄养于民间的。皇后邓氏迎而立之。明年，复死。乃迎立清河王的儿子，是为安帝。邓太后临朝，凡十五年。太后崩后，安帝亲政，任用皇后的哥哥阎显，又宠信宦官和乳母王圣，政治甚为紊乱。阎皇后无子，后宫李氏生子保，立为太子。后谮杀李氏而废保。一二五年，安帝如宛，道崩。皇后秘丧驰归，迎立章帝之孙北乡侯懿。当年即死。宦者孙程等迎立废太子保，是为顺帝。程等十九人皆封列侯。然未久即多遭谴斥。顺帝任用皇后的父亲梁商。商死后，子冀继之，其骄淫纵恣，为前此所未有。一四四年，顺帝崩，子冲帝立。明年崩。梁冀迎立章帝的玄孙质帝。因年小聪明，为冀所弑。又迎立章帝的曾孙桓帝。桓帝立十三年后，才和宦者单超等五人合谋把梁冀诛戮，自此宦官又得势了。

因宦官的得势，遂激成所谓党锢之祸。宦官和阉人，本来是两件事。宦字的初义，是在机关中学习，后来则变为在贵人家中专事伺候人的意思。皇室的规模，自然较卿大夫更大，自亦有在宫中服事他的人，此即所谓宦官（据《汉书·本纪》，惠帝即位后，曾施恩于宦皇帝的人，此即是惠帝为太子时，在“太子家”中伺候他的人）。本不专用阉人，而且其初，宦官的等级远较阉人为高，怕是绝对不能用阉人的。但到后来，刑罚滥了，士大夫亦有受到宫刑的（如司马迁受宫刑后为中书谒者令，即其好例）；又有生来天阉的人；又有贪慕权势，自宫以进的，不都是俘虏或罪人。于是其人的能力和品格，都渐渐提高，而可以用为宦官了。后汉邓太后临朝后，宫中有好几种官，如中常侍等，都改用阉人，宦官遂成为阉人所做的官的代名词。虽然阉人的地位实已提高，然其初既是俘虏和罪人，社会上自然总还将他当作另一种人看待，士大夫更瞧他不起。此时的士大夫和贵族，都是好名的，都是好交结的。这一则出于战国之世贵族好养士，士人好奔走的习惯，一则出于此时选举上的需要。当时的宦官，多有子弟亲戚，或在外面做官暴虐，或则居乡恃势骄横。用法律裁制，或者激动舆论反对他，正是立名的好机会。士人夫和宦官遂势成水火。这一班好名誉好交结的士大夫，自然也不免互相标榜，互相结托。京城里的大学，游学者众多，而且和政治接近，便自然成为他们聚集的中心。结党以营谋进身，牵引同类，淆乱是非，那是政治上的一个大忌。当时的士大夫，自不免有此嫌疑。而且用了这一个罪名，则一网可以打尽，这是多么便利，多么痛快的事！宦官遂指当时反对他们的名士为党人，劝桓帝加以禁锢，后因后父窦武进言，方才把他们赦免。一六七年，桓帝崩，无子，窦后和武定策禁中，迎立了章帝的玄孙灵帝。太后临朝。窦武是和名士接近的，有恩于窦氏的陈蕃，做了太傅，则其本身就是名士中人。谋诛弄权的宦官，反为所害。

太后亦被迁，抑郁而死。灵帝年长，不徒不知整顿，反更崇信宦官，听其把持朝政，浊乱四海。而又一味聚敛奢侈。此时乱源本已潜伏，再天天给他制造爆发的机会，遂成为不可收拾之局了。

大伤后汉的元气的是羌乱。中国和外夷，其间本来总有边塞隔绝着的。论民族主义的真谛，先进民族本来有诱掖后进民族的责任，不该以隔绝为事。但是同化须行之以渐。在同化的进行未达相当程度时，彼此的界限是不能遽行撤废的。因为文化的不同就是生活的相异，不能使其生活从同，顾欲强使生活不同的人共同生活，自不免引起纠纷。这是少数民族南下的一个重要原因，而后汉时的羌乱，业已导其先路了。今青海省的东北境，在汉时本是羌人之地。王莽摄政时，讽羌人献地，设立了一个西海郡。既无实力开拓，边塞反因之撤废，羌人就侵入内地。后汉初年，屡有反叛，给中国征服了，又都把他们迁徙到内地来。于是降羌散居今甘肃之地者日多。安帝时，遂酿成大规模的叛乱。这时候，政治腐败，地方官无心守土，都把郡县迁徙到内地。人民不乐迁徙，则加以强迫驱遣，流离死亡，不可胜数。派兵剿办，将帅又腐败，历时十余年，用费达二百四十亿，才算勉强结束。顺帝时又叛，兵费又至八十余亿，桓帝任用段颎，大加诛戮，才算镇定下来。然而西北一方，凋敝已甚，将帅又渐形骄横，隐伏着一个很大的乱源了。

遇事都诉之理性，这只是受过优良教育的人，在一定的范围中能够。其余大多数人，和这一部分人出于一定范围以外的行为，还是受习惯和传统思想的支配的。此种习惯和传统的思想，是没有理由可以解说的，若要仔细追究起来，往往和我们别一方面的知识冲突，所以人们都置诸不问，而无条件加以承认，此即所谓迷信。给迷信以一种力量的则为宗教。宗教鼓动人的力量是颇大的。当部族林立之世，宗教的教义，亦只限于一部族，而不足以吸引别部族人。到统一之后就不然了。各种小宗教，渐渐混合而产生大宗教的运动。在汉时，上下流社会，是各别进行的。在上流社会中，孔子渐被视为一个神人，看当时内学家（东汉时称纬为内学）尊崇孔子的话，便可见得。但在上流社会中，到底是受过良好教育，理性较为发达，不容此等迷信之论控制，所以不久就被反对迷信的玄学打倒。在下流社会，则各种迷信，逐渐结合，而形成后世的道教。在汉时是其初步。其中最主要的是张角的太平道和张修的五斗米道。道教到北魏时的寇谦之，才全然和政府妥协，前此，则是很激烈地反对政府的。他们以符咒治病等，为煽动和结合的工具。张修造反，旋即平定。张鲁后来虽割据汉中，只是设立鬼卒等，闭关自守，实行其神权政治而已，于大局亦无甚关系。张角却声势浩大。以公元一八四年起事。

他的徒党，遍于青、徐、幽、冀、荆、扬、兖、豫八州，即今江苏、安徽、浙江、江西、湖北、湖南、山东、河南、河北各省之地。但张角似是一个只会煽惑而并没有什么政治能力的人，所以不久即败。然此时的小乱事，则已到处蔓延，不易遏止了，而黄巾的余党亦难于肃清。于是改刺史为州牧，将两级制变成了三级制，便宜了一部分的野心家，即仍称刺史的人以及手中亦有兵权的郡守。分裂之势渐次形成，静待着一个机会爆发。

第　四　辑
魏晋南北朝

从董卓进长安起，到晋武帝平吴止，共经过九十二年的战乱，真是渴望太平的时候了。当时致乱之源，由于州郡握兵。所以晋武帝既定天下，便命去州郡的兵，刺史专于督察，回复汉朝的样子。

后汉的分裂和三国

吕思勉

公元一八九年，灵帝崩。灵帝皇后何氏，生子辩。美人王氏，生子协。灵帝属意于协，未及定而崩，属协于宦者蹇硕。这蹇硕，大约是有些武略的。当黄巾贼起时，汉朝在京城里练兵，共设立八个校尉，蹇硕便是上军校尉，所以灵帝把废嫡立庶的事情付托他。然而这本是不合法的事，皇帝自己办起来，还不免遭人反对，何况在其死后？这自然不能用法律手段解决。蹇硕乃想伏兵把何皇后的哥哥大将军何进杀掉，然后举事。事机不密，被何进知道了，就拥兵不朝。蹇硕无可如何，而辩乃得即位，是为废帝。何进把蹇硕杀掉，因想尽诛宦官。

而何氏家本寒微，向来是尊敬宦官的。何太后的母亲和何进的兄弟又受了宦官的贿赂，替他在太后面前说好话。太后因此坚持不肯。何进无奈，乃召外兵进京，欲以胁迫太后。宦官见事急，诱进入宫，把他杀掉。何进的官属，举兵尽诛宦官。京城大乱，而凉州将董卓适至，拥兵入京，大权遂尽入其手。董卓只是个强盗的材料。他把废帝废掉，而立协为皇帝，是为献帝。山东州郡起兵反对他，他乃移献帝于长安，接近自己的老家，以便负隅抵抗。东方州郡实在是人各有心的，都各占地盘，无意于进兵追讨。后来司徒王允，和董卓亲信的将官吕布相结，把董卓杀掉。董卓的将校李傕、郭汜，又回兵替董卓报仇。吕布出奔，王允被杀。李傕、郭汜又互相攻击，汉朝的中央政府就从此解纽，不再能号令全国了。

各地方割据的：幽州有公孙瓒。冀州有袁绍。兖州有曹操。徐州始而是陶谦，后来成为刘备和吕布争夺之场。扬州，今寿县一带，为袁术所据，江东则入于孙策。荆州有刘表。益州有刘焉。这是较大而在中原之地的，其较小较偏僻的，则汉中有张鲁，凉州有马腾、韩遂，辽东有公孙度。当时政治的重心，是在山东的（古书所谓山东，系指华山以东，今之河南、山东，都包括在内）。袁绍击灭了公孙瓒，又占据了并州，地盘最大，而曹操最有雄才大略。献帝因不堪李傕、郭汜的压迫，逃归洛阳，贫弱不能自立，召曹操入卫，操移献帝于许昌，遂成挟天子以令诸侯之势。刘备为吕布所破，逃归曹操，曹操和他合力击杀了吕布。袁术因荒淫无度，不能自立，想走归袁绍，曹操又使刘备邀击，术退走，旋死。刘备叛操，操又击破之。河南略定。二〇〇年，袁绍举大兵南下，与操相持于官渡（城名，在今河南中牟县北），为操所败。绍气愤死。二〇五年，绍二子并为操所灭。于是北方无与操抗者。二〇八年，操南征荆州。刘表适死，其幼子琮，以襄阳降（今湖北襄阳县，当时荆州治此）。刘备时在荆州，走江陵。操追败之。备奔刘表的长子琦于江夏（汉郡，后汉时，郡治在今湖北黄冈县境），和孙权合力，败操于赤壁（山名，在今湖北嘉鱼县）。

于是刘备屯兵荆州，而孙权亦觊觎其地。后备乘刘焉的儿子刘璋暗弱，夺取益州。孙权想攻荆州，刘备同他讲和，把荆州之地平分了。时马腾的儿子马超和韩遂反叛，曹操击破之，又降伏了张鲁。刘备北取汉中。曹操自争之，不能克，只得退回。天下渐成三分之势。刘备初见诸葛亮时，诸葛亮替他计划，就是据有荆、益两州，天下有变，命将将荆州之兵以向宛、洛，而自率益州之众以出秦川的。这时的形势，颇合乎这个条件。备乃命关羽自荆州北伐，取襄阳，北方颇为震动，而孙权遣兵袭取江陵，羽还救，为权所杀。刘备忿怒，自将大兵攻权，又大败于猇亭（在今湖北宜都县西）。于是荆州全入于吴。备旋以惭愤而死，此事在公元二二三年。先是二二〇年，曹操死，子丕篡汉自立，是为魏文帝。其明年，刘备称帝于蜀，是为蜀汉昭烈帝。孙权是到二二九年才称帝的，是为吴大帝。天下正式成为三分之局。蜀的地方最小，只有今四川一省，其云南，贵州，全是未开发之地。吴虽自江陵而下，全据长江以南，然其时江南的开化，亦远在北方之后。所以三国以魏为最强，吴、蜀二国，常合力以与之抗。

三国的分裂，可以说是两种心理造成的。其一是封建的余习。人心是不能骤变的。在封建时代，本有各忠其君的心理，秦、汉以后，虽然统一了，然此等见解，还未能全行破除。试看汉代的士大夫，仕于州郡的，都奉其长官为君，称其机关为本朝，有事为之尽忠，死则为之持服，便可知道。又其一则为南方风气的强悍。赤壁战时，孙权实在没有联合刘备抵抗曹操的必要。所以当时文人持重而顾大局的，如张昭等，都主张迎降。只有周瑜和鲁肃主张抵抗，和孙权的意见相合。《三国志》载周瑜的话，说曹操名为汉相，实系汉贼，这是劫持众人的门面话，甚或竟是事后附会之谈。东吴的君臣，自始至终，所作所为，何曾有一件事有汉朝在心目之中？说这话要想欺谁？在当时东吴朝廷的空气中，这话何能发生效力？孙权一生最赏识的是周瑜，次之则是鲁肃。孙权当称帝时，说鲁子敬早有此议，鲁肃如此，周瑜可知。为什么要拥戴孙权做皇帝？这个绝无理由，不过是一种倔强之气，不甘为人下，孙权的自始便要想做皇帝，则更不过是一种不知分量的野心而已。赤壁之战，是天下三分的关键，其事在公元二〇八年，至二八〇年晋灭吴，天下才见统一，因这一种蛮悍的心理，使战祸延长了七十二年。

刘备的嗣子愚弱，所以托孤于诸葛亮。诸葛亮是有志于恢复中原的；而且蜀之国势，非以攻为守，亦无以自立；所以自先主死后，诸葛亮即与吴弃衅言和，连年出兵伐魏。吴则除诸葛恪辅政之时外，多系疆场小战。曹操自赤壁败后，即改从今安徽方面经略东南。三国时，吴、魏用兵，亦都在这一带，彼此均无大成功。魏文帝本来无甚才略。死后，儿子明帝继立，荒淫奢侈，朝政更坏。其时司马懿屡次带兵在关中和诸葛亮相持，又平定了辽东。明帝死后，于齐王芳年幼，司马懿和曹爽同受遗诏辅政。其初大权为曹爽所专。司马懿托病不出，而暗中运用诡谋，到底把曹爽推翻，大权遂尽入其手。司马懿死后，他的儿子司马师、司马昭相继把持朝局。扬州方面，三次起兵反对司马氏，都无成。蜀自诸葛亮死后，蒋琬、费祎继之，不复能出兵北伐。费祎死后，姜维继之，频年出兵北伐而无功，民力颇为疲敝。后主又信任宦官，政局渐坏。司马昭乘此机会，于二六三年发兵灭蜀。司马昭死后，他的儿子司马炎继之，于二六五年篡魏，是为晋武帝。至二八〇年而灭吴统一中国。

晋的统一和内乱

吕思勉

从董卓进长安起，到晋武帝平吴止，共经过九十二年的战乱，真是渴望太平的时候了。当时致乱之源，由于州郡握兵。所以晋武帝既定天下，便命去州郡的兵，刺史专于督察，回复汉朝的样子。

然而这时候，致乱之源，乃别有所在。其一，两汉之世，归化中国的异族很多，都住在塞内。当时所谓五胡者，便是：

【匈奴】遍于并州境内，即今之山西省。

【羯】匈奴的别种，居于上党武乡羯室，因以为名。

【鲜卑】遍布辽东西和今热、察、绥之境。

【氐】本居武都。魏武帝徙之关中。这时候，遍于扶风、始平、京兆之境。

【羌】这是段颎诛夷之余。在冯翊、北地、新平、安定一带。

当时郭钦、江统等，都请徙之塞外。塞外的异族，固亦未尝不足为患，然而究竟有个隔限，和“掩不备之人，收散野之积”者不同，而武帝不能同。

其二，晋代鉴于魏朝的薄待宗室，以致为自己所篡。于是大封同姓。汉代的诸王，是不再干预政治的。晋朝则可以“入秉机衡，出作岳牧”，在政治上的势力尤大。

晋武帝平吴之后，耽于宴安，凡事都不作久长之计。其子惠帝，近于低能。即位之初，武帝后父杨骏辅政。惠帝后贾氏和楚王玮合谋，把杨骏杀掉。而使汝南王亮和太保卫同听政。后来又和楚王合谋，把汝南王杀掉。后又杀掉楚王。旋弑杨太后。太子遹，非贾后所生，后亦废而杀之。总宿卫的赵王伦，因人心不服，勒兵弑后，废惠帝而自立。于是齐王冏、成都王颖、河间王颙，举兵讨乱。右卫将军王舆，把赵王杀掉，迎接惠帝复位。齐王入洛专政。河间王和长沙王合谋，使攻杀齐王。又和成都王合兵，把长沙王攻杀。

如此，京师大乱，而胜利卒归于外兵。州郡握兵，从汉以来，已成习惯。晋武虽有去州郡兵权之命，而人心尚未丕变。

一旦天下有乱，旧路自然是易于重走的。于是东海王越合幽、并二州之兵，把成都河间两王都打败。遂弑惠帝，而立其弟怀帝。

同族相争，胜利又卒归于异族。五胡之中，本以匈奴为最强，其所处，又是腹心之地，亦最有民族自负之心。于是前赵刘渊，先自立于平阳。时东方大乱，许多盗贼，都去归附他。其势遂大盛。东方群盗之中，羯人石勒，尤为强悍。东海王自率大兵去打他。兵到现在的项城，死了。其兵为石勒追击所败，洛阳遂成坐困之势。三一〇年，刘渊的族子刘曜，打破洛阳，怀帝被虏。三一二年，弑之。惠帝弟愍帝，立于长安。三一六年，又为刘曜所攻破，明年，被弑。而西晋亡。

于是琅琊王睿，从下邳徙治建康，即皇帝位，是为东晋元帝。这时候，北方只有幽州都督王浚，并州刺史刘琨，崎岖和胡羯相持，也终于不能自立。北方遂全入混乱的状态。

然而南方亦非遂太平无事。当时中央解纽，各地方都靠州郡的兵来保境安民，自然外权复重。新兴的建康政府，自然不易令行禁止。元帝的首务，便在收上流的实权。元帝的立国江东，是很靠江东的世家名士，所谓"人望"者，帮他的忙的。而王导和其从兄王敦，尤为出力。于是王导内典机要，王敦出督荆州。敦有才略，居然把荆州的权力，收归一人。然而中央就和王敦起了猜忌。其结果，王敦举兵东下。元帝所预先布置防他的兵，无一路不败，被王敦打入京城。元帝忧愤而崩。幸而王敦不久也死了。明帝才把他的党羽讨平。明帝颇为英武，可惜在位只有三年。明帝死后，子成帝年幼，太后庾氏临朝。后兄庾亮执政。历阳内史苏峻和庾亮不平，举兵造反，打进京城。庾亮出奔。幸得镇寻阳的温峤，深明大义，协同荆州的陶侃，把他打平。陶侃死后，庾亮和庾冰，相继出镇荆州。庾翼在内为宰相。这时候，内外之权，都在庾氏手里，暂无问题。康帝时，庾翼移镇襄阳，庾冰代之镇夏口。庾冰死后，庾翼又还镇夏口，而使其子方之镇襄阳。庾翼不久就死了。临终之际，表请以自己的儿子之继任。宰相何充不听，而以桓温代之。于是上流之权，又入于桓温之手。

南北朝的对峙

吕思勉

从三〇四年前赵自立起，到四三九年北凉灭亡止，共经过一百三十六年。扰乱中国的五胡，大多和汉族同化了。只有拓跋氏，其起最晚，其入中原也最后，所以又和汉族相持了一百四十年。

此时的南方，虽经宋武帝一度削平异己，然而纷争之际，外兵不能遽去，人心的积习未除。而宋武帝以后，为君主的，又没像武帝一般强有力的人物。所以仍是内外相持，坐视北方有机会而不能乘，甚至反给北方以机会。恢复中原，遂尔终成虚语。

当刘宋开国之时，南朝的疆域还包括今山东、河南之境。宋武帝死后，魏人乘丧南伐。取青、兖、司、豫四州。其时正值徐羡之、傅亮、谢晦等废少帝而立文帝。文帝立后，和檀道济合谋，讨除羡之等。后又并杀道济。忙于内乱，无暇对外。而自檀道济死后，功臣宿将亦垂尽。于是四三〇、四五〇年两次北伐都失败。魏太武帝反自将南伐，至于瓜步。所过郡邑，赤地无余。南北朝时，北强南弱的情势，实始于此。

宋文帝后，孝武帝和明帝都猜忌宗室，大加屠戮。明帝嗣子幼弱，召镇淮阴的萧道成入卫，朝权遂为所窃。内而中书令袁粲，外而荆州都督沈攸之，起兵讨他，都不克。四七九年，道成篡宋自立，是为齐高帝。齐高帝和子武帝，在位都不久。武帝子玉林王荒淫，为高帝兄子明帝所篡。明帝亦猜忌，尽杀高、武二帝子孙。传子东昏侯，荒淫更甚于玉林王，而好杀亦同于明帝。五〇二年，而齐为梁武帝所篡。梁武帝总算是个文武全才。虽其晚年迷信佛法，刑政废弛，致酿成侯景之乱，然而其早年，政治总算是清明的。于是南方暂见康宁，而北方又起扰乱。

北魏当太武帝时，南侵宋，北伐柔然、高车，国势最盛。孝文帝于四九三年迁都洛阳，大革旧俗。这在鲜卑人，要算一个进化而和汉族同化的好机会。然而国势反自此衰颓。（一）因鲜卑一时不能学得汉族的好处，而反流于奢侈。（二）则魏都平城，本靠武力立国，于其附近设置六镇。简拔亲贤，为其统帅。而将士选拔，亦极优异。南迁以后，不能如旧。六镇旧人，因此愤怒逃亡。魏人又恐兵力衰颓，加以制止。于是尽皆怨叛。倚以立国的武力，反做了扰乱秩序的东西。不戢自焚，后魏就不能支持了。

公元四七四年，后魏孝明帝立，太后胡氏执政。侈无度。府库累世之积，不数年而扫地无余。于是苛政大兴。中原之民，亦群起为乱。明帝年渐长，不直其母所为。而为其所制，无可如何。这时候，北方有个部落酋长，唤作尔朱荣，起兵讨平六镇之乱。明帝遂召他入清君侧。后又传诏止住他。太后大惧。把明帝杀掉。尔朱荣借此为名，举兵入洛，杀掉胡太后，而立孝庄帝，自居晋阳，遥制朝权。尔朱荣极善用兵。中原反乱的人，都给他打平。篡谋日急。孝庄帝诱他入朝，手刃把他杀掉。尔朱荣的侄儿子兆，举兵弑帝。自此朝权仍为尔朱氏所握，而各方镇，也都是尔朱氏的人，其势如日中天。然而尔朱氏暴虐不得人心。五三二年，高欢起兵信都。韩陵一战，尔朱氏心力不齐，大败。遂为高欢所扑灭。高欢所立的孝武帝，又和高欢不睦。高欢仍袭尔朱氏的故智，身居晋阳，孝武帝阴结贺拔岳图他。以岳为关中大行台。高欢使秦州刺史侯莫陈悦，把贺拔岳杀掉。夏州刺史宇文泰起兵诛悦，孝武帝即以泰继岳之任。五三四年，孝武帝发兵讨高欢。高欢亦自晋阳发兵南下。两军夹河而陈。孝武帝不敢战，逃到关中。旋为宇文泰所弑。自此高欢、宇文泰，各立一君，而魏遂分为东西。

东西魏分裂后，高欢、宇文泰争战十余年，各不得逞，而其祸乃中于梁。这时候，梁武帝在位岁久，政治废弛。诸子诸孙，各刺大郡，都有据地自雄之心。而兵力亦不足用。南朝当宋明帝时，尽失徐、兖、青、冀四州及淮北之地。齐明帝时，又失沔北五郡。东昏侯时，又失淮南。梁武帝时，虽恢复合肥、寿春，而又失义阳三关。用兵迄不得利。北方乱时，梁遣陈庆之送魏宗室北海王颢归国。庆之兵锋甚锐，直抵洛阳。然而孤军无援，元颢仍为尔来荣所破。五四七年，高欢死。其专制河南之将侯景，举地来降。梁武帝遣子渊明前往救援，不克。渊明为魏所虏。侯景亦兵溃来奔。袭寿阳而据之。梁人不能制。五四九年，侯景反。渡江，围台城。救兵虽多，都心力不齐，不能进。台城遂为所陷。梁武帝忧愤而崩。子简文帝立，为侯景所制。这时候，梁武帝的子孙，如湘东王绎、河东王誉、岳阳王察等，都拥兵相争，坐视台城之危而不救。而其形势，以湘东王为最强。侯景西上，至巴陵，为湘东王将王僧辩所败。勇将多死。遂弑简文帝而自立。湘东王乃即位于江陵，是为元帝。遣王僧辩和陈霸先讨平侯景。而成都的武陵王纪称帝，攻元帝。元帝求救于西魏。西魏袭陷成都。

纪遂兵败而死。元帝和西魏，又有违言。五五四年，西魏兵攻江陵。王僧辩、陈霸先的兵，都在东方，不及救援。江陵遂陷。元帝为魏兵所杀。西魏立岳阳王詧于江陵，使之称帝，而对魏则称臣，是为西梁。王僧辩、陈霸先立元帝的少子于建康，是为敬帝。是时，东魏已为北齐所篡。又发兵送渊明南归。王僧辩迎战，不胜。就迎接他来，废敬帝而立之。南朝险些儿全做北朝的附庸。幸而陈霸先袭杀王僧辩，复立敬帝。北齐举兵来攻，给他苦战打败。南朝才算勉强自立。五五七年，陈霸先废敬帝自立，是为陈武帝。三年而崩。兄子文帝立。这时候，南方承丧乱之后，国力凋敝。国内尚有许多反侧的人，要一一讨定。再也无暇顾及北方。而北方的东西魏，亦先后于五五〇、五五七年，为齐、周所篡。

北齐文宣、武成二帝，均极荒淫。末主纬，奢纵更甚。而北周武帝，颇能励精图治。五七七年，齐遂为周所灭。灭齐的明年，周武帝死，子宣帝立。亦极荒淫。在位二年，传位于子静帝。宣帝死后，后父杨坚辅政。大权尽入其手。起兵攻他的都不胜，五八一年，坚废静帝自立。是为隋文帝。时南方为陈后主叔宝，亦极荒淫，五八八年，为隋所灭。西梁已于前两年被废。自晋元帝立国江东至此，凡二百七十三年，而天下复归于统一。

魏晋南北朝的社会

吕思勉

魏、晋、南北朝，是一个长期战乱的世界。其时的民生，自然是很为困苦的。然而其中，也有几件可以特别注意的事情。

其一是两汉人均田的思想，至此而实行。汉代的人，本都有个恢复井田或限名田的思想，然终未能实行。及王莽行之，而反以致弊。于是当时的人，又有一种议论：以为井田之制，当于大乱之后，人民稀少，土田无主之时行之。天下事，大家无此思想则已。如其有之，而又为多数人所公认，成为一种有力的舆论，则终必有一次试行的机会。晋武帝的户调式，便是实行此种理想的，其制：男女年十六至六十为正丁。十三至十五，六十一至六十五为次丁。男子一人，占地七十亩，女子三十亩。其外：丁男课田五十亩，丁女三十亩。次丁男半之，女则不课。丁男之户，岁输绢三匹，绵三斤。女及次丁男为户者半输。令天下的人，依年龄属性之别，而各有同等之田，因之而输同等之税。其于平均地权之意，可谓能极意规划了。然而井田制之难行，不难在授人以田，而难在夺人之田。无论如何大乱，土田总不会完全无主的。夺有主之田，而畀之他人，必为人情所不愿，而其法遂难推行。所以北魏孝文帝的均田令，又有桑田、露田之别。桑田为世业，露田则受之于官，而亦还之于官。案《孟子》说“五亩之宅，树之以桑”，则此所谓桑田，疑即是宅田；或者是久经垦熟，世代相传的田，人情必不肯轻弃，所以听其私有。而其余则归之于公。这亦可谓善于调和了。晋武定户调式后，天下不久即乱，究竟曾否实行，很成疑问。便是魏孝文的均田令，曾实行至如何程度，亦很难说。然而以制度论，则确为平均地权的一种良法了。

其二是自古相沿的阶级，这时代，因环境的适宜，又有发达之势。社会有所谓士庶，其根源，大约是古代的贵族和平民。古代的贵族，其世系都有史官替他记录。所以家世不至于无考，而士庶亦不至于混淆。自封建制度破坏，国破家亡之际，此等记录，未必更能保存。加以秦人灭学，诸侯史记，被他一把火烧尽。于是秦、汉以来，公侯子孙，就都“失其本系”了。汉朝是兴于平民的。其用人，亦不论门第。自古相沿的阶级，到此本可铲除。然而政治上一时的设施，拗不过社会上自古相传的观念。向来称为贵族的，还是受人尊敬，称为平民的，还不免受人轻蔑，这又是势所必然。两汉时代的社会，大约便系如此，此乃当时习为固然，而又极普遍的现象，所以没人提起。汉末丧乱，士流播迁。离其本土者渐多。其在本土，人人知其为贵族，用不着特别提起。到播迁之后，就不然了。这时代的人，所以于氏族之外，尤重郡望，职此之由。而五胡之族，颇多冒用汉姓的。中国士大夫，耻血统与异族相混淆，而要自行标举，自然也是一个理由。再加以九品中正的制度，为之辅助。士庶的阶级，自然要画若鸿沟了。

区别士庶，当以魏、晋、南北朝为最严。不但“婚姻不相通，膴仕不相假”，甚至“一起居动作之微，而亦不相偕偶”。看《陔余丛考·六朝重氏族》一条可知。但是当时的士族，已有利庶族之富，和他们结婚、通谱的。隋、唐以后，此风弥甚。如此，则血统淆混、士庶之别，根本动摇。所以在隋、唐之世，门阀制度，虽尚保存，其惰力性。一到五代之世，就崩溃无余了。魏晋南北朝，正是门阀制度如日中天的时代。此时的贵族，大抵安坐无所事事。立功立事，都出于庶族中人，而贵族中亦很少砥砺名节，与国同休戚的。富贵我所固有，朝代更易，而其高官厚禄，依然不改。社会不以为非，其人亦不自以为耻。这真是阶级制度的极弊。

这时候，是个异族得势的时代。汉族为所压服，自然不免有种种不平等的事。而社会上的媚外，亦遂成为风气。这真是闻之而痛心的。《颜氏家训》说："齐朝一士夫，尝谓吾曰：我有一儿，年已十七，颇晓书疏。教其鲜卑语及弹琵琶，稍欲通解。以此伏事公卿，无不宠爱。"我们看《隋书·经籍志》，所载学鲜卑语的书籍很多，便知这样的，绝不是一两个人。这是士大夫。至于小民，则史称高欢善调和汉人和鲜卑。他对鲜卑说："汉人是汝奴。夫为汝耕，妇为汝织，输汝粟帛，令汝温饱。汝何为陵之？"又对汉人说："鲜卑是汝作客。得汝一斛粟、一匹绢，为汝击贼，令汝安宁。汝何为疾之？"一为武士，一为农奴，此时北方汉人所处的地位，就可想而知了。但是两汉以前，北方的文化，本高于南方，富力亦然。自孙吴至陈，金陵为帝王都者三百六十年。五胡乱后，北方衣冠之族，纷纷南渡。南方的文化，遂日以增高。浸至驾北方而上之，而富力亦然。试看隋唐以后，江淮成为全国财富之区。自隋至清，帝都所在，恒藉江淮的转漕以自给，就可明白了。这也是中国社会的一大转变。

第五辑
隋唐五代

唐朝开国之君虽为高祖，然其事业，实在大部分是太宗做的。天下既定之后，其哥哥太子建成和兄弟齐王元吉，要想谋害他，为太宗所杀。高祖传位于太宗，遂开出公元六二七至六四九二十三年间的“贞观之治”。

隋之统一与政治

吕思勉

从南北朝至隋，可以算我国历史上一个由乱入治之世。但是其为治不久。

论起隋文帝的为人来，也可以算一个英明的君主。他的勤于政治，和其持身的节俭，尤其是数一数二。所以承南北朝丧乱之后，取民未尝有所增加，对于杂税等，反还有所减免。而其时府库极为充实。重要的去处，仓储亦极丰盈。其国富，古今少可比拟的。

但是隋文帝有个毛病，便是他的性质，失之于严酷和猜忌。所以他对付臣下，是要运用手腕的。而其驭民，则偏于任法。因此其所任用的人，如杨素、苏威等，非才知之士，则苟免之徒，并无立朝侃侃，与国同休戚的。而人民也没有感恩的观念。他又偏信皇后独孤氏，废太子勇而立炀帝。荒淫暴虐，兼而有之。而隋遂不免于二世而亡，与嬴秦同其运命了。

南北朝以后，荒淫暴虐的君主颇多。其性质，有近乎文的，如南朝的陈后主是。亦有近乎武的，则如北朝的齐文宣是。这大约和当时异族的得势不无关系；而南朝的君主，多出身微贱，也是其中的一个原因。当隋及初唐之世，此等风气还未尽除。如隋炀帝，便是属于前一种的。如唐太宗的太子承乾，则是属于后一种的。

炀帝即位之后，即以洛阳为东都。他先开通济渠，引穀、洛二水，通于黄河，又自河入汴，自汴入淮，以接淮南的邗沟。又开江南河，从京口到余杭，长八百里。他坐了龙舟，往来于洛阳、江都之间。又开永济渠，引沁水，南达黄河，北通涿郡。又开驰道，从大行到并州，由榆林以达于蓟。开运河，治驰道，看似便利交通之事。然而其动机，非以利民，而由于纵欲；而其工程，又非由顾募，而出于役使。如此，人民就未蒙其利，而先受其害了。

当南北朝末年，突厥强盛。周、秦二国，恐其为敌人之援，都和他结婚姻；而且还厚加赠遗，以买其欢心。然而突厥益骄，边患仍不能绝。隋文帝劳师动众，又运用外交手腕，才把他克服下来。突厥的启民可汗，算是称臣于隋。又从慕容氏侵入中原之后，辽东空虚，为高句丽所据。至隋时不能恢复。这确是中国的一个大损失。为炀帝计。对于突厥，仍应当恩威并用，防其叛乱之萌。对于高句丽，则应先充实国力，军事上也要有缜密的计划，方可谋恢复国土。至于西域诸胡，则本和中国无大关系。他们大抵为通商而来。在两利的条件下，不失怀柔远人之意就好了。而炀帝动于侈心。任用裴矩，招致西域诸胡。沿途盛行供帐。甚至有意使人在路旁设了饮食之肆，邀请胡人饮食，不取其钱，说中国物力丰富，向来如此的。胡人中愚笨的，都惊叹，以为中国真是天上。其狡黠的，见中国也有穷人，便指问店主人道：你这白吃的饮食，为什么不请请他们？店中人无以为答。如此，花了许多钱，反给人家笑话。他又引诱西突厥，叫他献地数千里。设立西海、河源、鄯善、且末四郡。谪罪人以戍之。这些都是荒凉之地，要内地转输物品去供给他。于是西方先困。他又发大兵去征伐高句丽。第一次在六一一年，大败于萨水。六一三、六一四年，又两次兴兵，高句丽仅貌为请降。而这三次，征兵运饷，却骚动天下。当他全盛时，曾巡行北方。幸突厥始毕可汗衙帐，始毕可汗极其恭顺。到六一五年再往，始毕可汗便瞧他不起。把他围在雁门。靠内地的救兵来了，才算解围。明年，炀帝又坐着龙船到江都。这时候，天下已乱，他遂无心北归。

后来又想移都江南，而从行的都是关中人，心上很不愿意。宇文化及等乘机煽惑。炀帝遂于六一八年为化及等所弑。

隋末，首起创乱的，是杨素的儿子玄感。炀帝再征高句丽时，他在黎阳督运，就举兵造反。当时李密劝他：直遏炀帝的归路。次之则先取关中，以立自己的根基。玄感都不能听，而顿兵于东都之下，遂致失败。后来群盗蜂起，李密和河南的强盗翟让合伙。旋把他杀掉，自成一军。据兴洛、回洛诸仓，招致饥民，至者数十万，声势很盛。在河北，则群盗之中，窦建德最有雄略。而隋炀帝所遣的将王世充，则据东都，和李密相持。唐高祖李渊，本是隋朝的太原留守。以其次子世民——即后来的唐太宗——的计策，于六一七年，起兵先取长安，次平河西、陇右。刘武周据马邑，以宋金刚为将，南陷并州，亦给唐兵打败。李密为王世充所败，降唐，旋又借招抚为名，出关想图再举，为唐人伏兵所杀。秦王世民攻王世充，窦建德来救，世民留兵围城，引兵迎击于虎牢，大破之。擒建德，世充亦降。建德将刘黑闼，两次反叛，亦给唐兵打平。长江中流，梁朝之后萧铣，称帝于江陵，地盘颇大。唐朝亦派兵把他灭掉。其下流：陈稜、李子通、沈法兴等，纷纷割据。后皆并于杜伏威。而伏威降唐。割据北边的：有高开道、苑君璋、梁师都等。大都靠突厥为声援。然天下定后，突厥亦不能拥护他。遂次第为唐所平定。这时候，已在太宗的初年了。

隋朝和唐朝的盛世

吕思勉

北朝的君主，有荒淫暴虐的，也有能励精图治的，前一种代表了胡风，后一种代表了汉化。隋文帝是十足的后一种的典型。他勤于政事，又能躬行节俭。在位时，把北朝的苛捐杂税都除掉，而府库充实，仓储到处丰盈，国计的宽余，实为历代所未有。突厥狃于南北朝末年的积习，求索无厌。中国不能满其欲，则拥护高齐的遗族和中国为难。文帝决然定计征伐，大破其兵。又离间其西方的达头可汗和其大可汗沙钵略构衅，突厥由是分为东西。文帝又以宗女妻其东方的突利可汗。其大可汗都蓝怒，攻突利。突利逃奔中国，中国处之夏、胜二州之间（夏州，在今陕西横山县北。胜州，在今绥远鄂尔多斯左翼后旗黄河西岸），赐号为启民可汗。都蓝死，启民困隋援，尽有其众，臣服于隋。从南北朝末期以来畏服北狄的心理，至此一变。

隋文帝时代，中国政局，确是好转了的。但是文化不能一时急转，所以还不能没有一些曲折。隋文帝的太子勇，是具有胡化的性质的。其次子炀帝，却又具有南朝君主荒淫猜忌的性质。太子因失欢于文帝后独孤氏被废。炀帝立，以洛阳为东都。开通济渠，使其连接邗沟及江南河。帝乘龙舟，往来于洛阳、江都之间。又使裴矩招致西域诸胡，所过之地，都要大营供帐。又诱西突厥献地，设立西海、河源、鄯善、且末四郡（西海郡，当系青海附近之地。河源郡该在其西南。鄯善、且末，皆汉时西域国名，郡当设于其故地。鄯善国在今罗布泊之南。且末国在车尔成河上），谪罪人以实之；又于六一一、六一三、六一四三年，三次发兵伐高句丽，天下骚动，乱者四起。炀帝见中原已乱，无心北归，滞留江都，六一八年，为其下所弑。其时北方的群雄，以河北的窦建德、河南的李密为最大。而唐高祖李渊，以太原留守，于六一七年起兵，西据关中，又平定河西、陇右，形势最为完固。炀帝死后，其将王世充拥众北归，据洛阳。李密为其所败，降唐。又出关谋叛，为唐将所击斩。唐兵围洛阳，窦建德来救，唐兵大败擒之，世充亦降。南方割据的，以江陵的萧铣为最大，亦为唐所灭。江、淮之间，有陈棱、李子通、沈法兴、杜伏威等，纷纷而起，后皆并于杜伏威，伏威降唐。北边群雄依附突厥的，亦次第破灭。隋亡后约十年，而天下复定。

唐朝自称为西凉李暠之后，近人亦有疑其为胡族的，信否可不必论，民族的特征，乃文化而非血统。唐朝除太宗太子承干具有胡化的性质，因和此时的文化不相容而被废外，其余指不出一些胡化的性质来，其当认为汉民族无疑了。唐朝开国之君虽为高祖，然其事业，实在大部分是太宗做的。天下既定之后，其哥哥太子建成和兄弟齐王元吉，要想谋害他，为太宗所杀。高祖传位于太宗，遂开出公元六二七至六四九二十三年间的“贞观之治”。历史上记载他的治绩，至于行千里者不赍粮，断死刑岁仅三十九人，这固然是粉饰之谈，然其时天下有丰乐之实，则必不诬的了。隋、唐时的制度，如官制、选举、赋税、兵、刑等，亦都能将前代的制度加以整理。

对外的情势，此时亦开一新纪元。突厥因隋末之乱，复强盛，控弦之士至百万。北边崛起的群雄，都尊奉他，唐高祖初起时亦然，突厥益骄。天下既定，赠遗不能满其欲，就连年入寇，甚至一年三四入，北边几千里，无处不被其患。太宗因其饥馑和属部的离叛，于六三〇年，发兵袭击，擒其颉利可汗。突厥的强盛，本来是靠铁勒归附的。此时铁勒诸部，以薛延陀、回纥为最强。突厥既亡，薛延陀继居其地。六四四年，太宗又乘其内乱加以翦灭。回纥徙居其地，事中国颇谨。在西域，则太宗曾用兵于高昌及焉耆、龟兹，以龟兹、于阗、焉耆、疏勒之地为四镇。在西南，则绥服了今青海地方的吐谷浑。西藏之地，隋时始有女国和中国往来。唐时有一个部落，其先该是从印度迁徙到雅鲁藏布江流域的，是为吐蕃。其英主弃宗弄赞，太宗时始和中国交通，尚宗女文成公主，开西藏佛化的先声。太宗又通使于印度。适直其内乱，使者王玄策调吐蕃和泥婆罗的兵，把他打败。而南方海路交通，所至亦甚广。只有高句丽，太宗自将大兵去伐他，仍未能有功。此乃因自晋以来，东北过于空虚，劳师远攻不易之故。直至六六三、六六八两年，高宗才乘其内乱，把百济和高句丽先后灭掉。突厥西方的疆域，本来是很广的。其最西的可萨部，已和东罗马相接了。高宗亦因其内乱，把他戡定，分置两个都督府。其所辖的羁縻府、州，西至波斯。唐朝对外的声威，至此可谓达于最高峰了。因国威之遐畅，而我国的文化，和别国的文化，就起了交流互织的作用。东北一隅，自高句丽、百济平后，新罗即大注意于增进文化。日本亦屡遣通唐使，带了许多僧侣和留学生来。朝鲜半岛南部和日本的举国华文化，实在此时。其余波且及于满族。公元七世纪末年，遂有渤海国的建立，一切制度，都以中国为模范。南方虽是佛化盛行之地，然安南在此时，仍为中国的郡县，替中国在南方留了一个文化的据点。西方则大食帝国勃兴于此时。其疆域东至葱岭。大食在文化上实在是继承希腊，而为欧洲近世的再兴导其先路的。中国和大食，政治上无甚接触，而在文化上则彼此颇有关系。回教的经典和历数等知识，都早经输入中国。就是末尼教和基督教，也是受了回教的压迫，才传播到东方来的。而称为欧洲近世文明之源的印刷术、罗盘针、火药，亦都经中国人直接传入回教国，再经回教国人之手，传入欧洲。

隋唐的武功

吕思勉

隋、唐两代的武功，是互相继续的。隋朝的武功，虽不如唐朝之盛，然而是唐朝开拓的先声。其规模，较汉代尤为广远。这也是世运进步，交通日益发达的缘故。

中国历代的大敌是北狄。隋、唐时代，自然也是如此。后汉时，匈奴败亡，鲜卑继续据其地。两晋时，鲜卑纷纷侵入中国，于是丁令入居漠北。丁令便是今日的回族。异译称敕勒，亦作铁勒，中国人称为高车。当拓跋魏在塞外时，今热、察、绥境诸部落，殆悉为所并。只有热河境内的奚、契丹，未全随之入中国。又有一个部落，称为柔然的，则始终与之为敌。

从魏孝文迁都以前，北魏根本之地，实在平城。所以其防御北族，较侵略中国，更为重要。太武帝之世，曾屡出兵击破柔然。柔然败后，逃至漠北，收服铁勒之众，其势复盛。太武帝又出兵征讨，把他打败。这时候，铁勒之众，降者甚多。太武帝都把他迁徙到漠南。柔然遂不能与魏抗。这是四二〇、四三〇年间的事。东西魏分立后，柔然复强。然其势不能久。至五五二年，遂为突厥所破。突厥也是回族，兴于金山的。既破柔然之后，又西破哒，尽服西域诸国。其最西的可萨部，直抵亚洲西界，与罗马为邻，东方则尽服漠南北诸族。其疆域之广，远过汉时的匈奴。

然而突厥声势虽盛，其组织却不甚坚凝。各小可汗的势力，都和大可汗相仿佛。隋文帝于是运用外交手腕，先构其西方的达头可汗，和其大可汗沙钵略构兵。突厥由是分为东西。后又诱其东方的突利可汗，妻以宗女。其大可汗都蓝怒，攻突利。突利逃到中国。隋处之于夏、胜二州之间，赐号曰启民可汗。都蓝死后，启民因隋援，尽有其众。于是突厥一时臣服于隋。隋末大乱，华人多往依突厥。突厥复盛。控弦之士至百万。北边的群雄，无不称臣奉贡。便唐高祖初起时，也是如此。天下定后，还很敷衍他。而突厥贪得无厌，仍岁侵边，甚至一岁三四入。太宗仍运用外交手腕，离间其突利可汗。而是时突厥的大可汗颉利政衰，北边诸部多叛。又连遭荒歉。六三〇年，颉利遂为太宗所擒。突厥或走西域，或降薛延陀，而来降的尚十余万。太宗初用温彦博之言，处之河南。后来又徙之河北。这时候，薛延陀继据漠北。六四四年，又为太宗所灭。回纥继居其地。率先铁勒诸部，尊中国的天子为天可汗。突厥的遗众，也曾屡次反叛，然都不成大患。到六八二年，骨咄禄自称可汗，中国就不能平定。骨咄禄死后，弟默啜继之。尽复颉利以前旧地，大举入攻河北，破州县数十。武后兴大兵数十万御之而不胜。直到七四四年，玄宗才乘其内乱，出兵直抵其庭，把他灭掉。至于西突厥，则是六五七年，高宗乘内乱把他灭掉的。西突厥在当时，本是亚洲西方唯一的大国。西突厥灭亡后，诸国皆震恐来朝，中国所设的都督府州，遂西至波斯。

葱岭以东，汉时十六国之地，后来互相吞并，其兴亡不尽可考。唐时，高昌、焉耆、龟兹、于阗、疏勒较大，太宗于高昌、焉耆、龟兹三国，都用过兵。其余小国，则皆不烦兵力而服。

青海本羌地。晋时，为鲜卑吐谷浑所据。至后藏，则为今藏族兴起之地。其族之北据于阗，臣服葱岭以西，和波斯兵争的嚈哒，为突厥所灭。而印度阿利安人，又有一支入藏，居于雅鲁藏布江流域，是为吐蕃王室之祖。吐蕃至唐时始强。太宗时，因求尚主不得，入寇松州。太宗遣将击破之。然仍妻以宗女文成公主。公主好佛，是为吐蕃人受佛教感化之始。至今还尊为圣母。弃宗弄赞尚主后，对中国极其恭顺。死后，其大臣钦陵、赞婆等专国，才猾起夏来。东灭吐谷浑，西破西域四镇。高宗、武后时，与之战争，屡次失败。武后时，王孝杰恢复四镇之地，吐蕃对西域一方面，稍受牵制，而中宗时，又畀以河西九曲之地。由是河洮之间，受祸尤烈。直到玄宗时，才把它恢复过来。

印度和中国，虽久有宗教和商业上的关系，至于国交上的关系，则很少的。唐时，有个和尚，法名唤作玄奘，即是后来被尊为三藏法师的，因求法至印度。这时候，印度乌苌国的尸罗逸多二世在位。遣使入贡。太宗又遣王玄策报使。玄策至其国，适值尸罗逸多薨逝，其臣阿罗那顺篡立。发兵拒击玄策。玄策走吐蕃西鄙，发吐蕃、泥婆罗两国的兵，把他打败，擒阿罗那顺送阙下。这要算中国对西南，兵威所至最远的一次了。

东北一带，雄踞辽东的是高句丽。在今热河境内的是奚、契丹。在松花江流域的则是靺鞨，中国对东北，国威的涨缩，要看辽东西的充实与否。自汉至晋初，辽东西比较充实。所以高句丽等不能跋扈。慕容氏侵入中国后，辽东空虚，遂至为其所据。辽西亦受侵略。热河境内的契丹且不能免，吉林境内的靺鞨，其折而入之，自更不必说了。隋朝东征的失败，固由炀帝不善用兵，亦由东北空虚，军行数千里，大敌不能猝克，而中国又不能顿兵与之久持的缘故。唐太宗亦蹈其覆辙。六四四年之役，自将而往，未能大克，而损失颇巨。直到高宗时，因其内乱，才于六六三、六六八两年，先后把百济和高句丽灭掉。于是分其地置都督府州，而设安东都护府于平壤以统之。中国的疆域，才恢复两汉时代之旧。然新罗人既阴嗾丽，济余众叛唐，而因之以略唐地。而武后时，契丹反叛，因此牵动了入居营州境内的靺鞨。其酋长大祚荣，逃至吉林境内。武后遣兵追击，不胜。大氏遂自立为国。尽并今吉、黑两省，及俄领阿穆尔、东海滨省，暨朝鲜半岛北部之地。是为渤海。于是安东都护，内徙辽东，唐朝对东北的威灵，就失坠了。但是新罗、渤海，对中国都尚恭顺。其文化，也都是模仿中国的。而日本，亦于是时，年年遣使通唐，其一切制度，亦皆学自中国。中国对东北的政治势力，虽不十分充分，其声教所及，则不可谓之不远了。

唐朝的职官与选举制度

缪凤林

自余与后世关系较巨者，曰职官制与选举制。自魏晋以来，以尚书令、中书令、侍中诸职分理国家政务。后周建六官之职，隋文践极，复废周官，还依汉魏。炀帝大业中，行新令，遂以尚书、门下、内史三省为中央政府最高机关。唐亦因之惟改内史省复为中书省，然其设官之意义有与魏晋迥不相侔者，魏晋之世，尚书令等不过帝皇之私属，唐则侍中中书令暨尚书左右仆射等，皆是“真宰相”。“其余以他官参掌者，但加同中书门下三品，及平章事，知政事，参知机务，参与政事，及平章军国重事之名者，并为宰相。”与汉之丞相及行丞相事者同其职权是也，考唐制，“中书省其长为中书令，下有侍郎舍人等，以献纳制册，敷扬宣劳，”取旨议决机关也。“门下省其长为侍中，下有侍郎，给事中等，以侍从献替，规驳非宜，”审覆监督机关也。“尚书者其长初为尚书令，后为左右二仆射，下设左右丞，以统会众务，举持绳目，”奉行执行机关也。此外尚有秘书省以监录图书，殿中省以供修膳服，内侍省以承旨奉引，御史台以肃清庶僚，九寺五监以分理群司，六军十六卫以严其禁御，及东宫诸府以俾乂储宫，牧守督护以分临畿服，详见《通典》卷十九至三十四，《职官典》一至十六。凡军国大事，中书舍人各书所见，谓之五花判事中书侍郎中书令省审之。敕旨既下，皆先经门下省，由给事中侍郎侍中等审署，事或不便与旨有违失，并得驳正封还。而尚书省奉行政令，分立吏、户、礼、兵、刑、工六部，六部本于隋，迄清末始改，部有尚书，侍郎，郎中，员外郎等，亦沿用至清季举天下之事毕隶焉。

观开元中所修《六典》，设官分职，备极详密，弘纲巨旨，粲然明备，实足与周官颉颃。就其总者言之，如官司之奏报，文牍之施行，皆有定式，吾人今日尚远逊其完密焉。然自太宗时“大省内官，凡文武定员六百四十有二而已”。高宗武后世，仕进之门日广，擢拜多不以次，人皆弃农、桑、工、商而身趋之。《通典》所载“内外文武官员凡万八千八百五，内二、六二〇，外一六、一八五”诸色胥吏，“总三十四万九千八百六十三，内三五、一七七，外三一四、六八六。都计三十六万八千六百六十八人。”“当开元天宝之中，四方无虞，百姓全实，大凡编户九百余万，吏员虽众，经用虽繁，人有力余，帑藏丰溢，纵或枉费，不足为忧。”安史乱后，黎庶凋瘵，出租赋者锐减，而食租赋者额则依旧，俸复倍增。且方镇外叛，宦官内横，朝廷百司，多不能举其职。冗官厚禄，遂为大病。朝廷以府库无蓄积，不足以供赏赍，复专以官爵赏功，名器亦由是而日滥焉。隋鉴九品中正制之弊，改荐举为考试，文帝始建秀才科，炀帝更建进士科，以策问及诗赋取士，至唐而科举之制益备。“大要有三：由学馆者曰生徒，由州县者曰乡贡，皆升于有司而进退之。其科之目，有秀才、有明经、有进士、有俊士、有明法、有明字、有明算、有一史、有三史、有开元礼、有道举、有童子。而明经之别，有五经、有三经、有二经、有学究一经、有三礼、有三传、有史科，此岁举之常选也。其天子自诏者，曰制举。所以待非常之才焉。”着于令者大略如此，而有司选士之法，则因时损益不同。初以秀才科为最高，“贞观中，有举而不第者，坐其州长，由是废绝，自是士族所趋向，唯明经、进士二科而已。”明经先试帖文，以所习经掩其两端，中间开唯一行，裁纸为帖，后试经义及对策。进士则试帖文对策外，兼试诗赋，故难易迥殊。因帖经仅资记诵，对策多可抄袭，诗赋则非可强为，其进士大抵得第者百一二，明经倍之，得第者十一二。

开元以后，四海晏清，士耻不以文章达，故进士为尤贵，终唐之世，“得人亦最为盛，岁贡常不减八九百人。缙绅虽位极人臣，而不由进士者终不为美”。九品中正之弊致成贵族政治，矫之以科举，而后贡选考试机会均等，不特泯贵族平民之阶级，庶民之优秀者，亦得与贵族均享政权。是即《礼运》所谓“选贤与能，天下为公”也。然自科举侧重文辞，“进士以声韵为学，多昧古今，明经以帖诵为功，罕穷旨趣”。故当开元盛世，杜佑已有“选贤授任，多在艺文，才与职乖，法因事弊，隳循名责实之义，阙考言询事之道。崇佚之所至，美价之所归，不无轻薄之曹，浮笔之伍，习程典，亲簿领，谓之浅俗，务根本，去枝叶，目以迂阔。风流相尚，奔竞相趋，职事委于郡胥，货贿行于公府”之叹。尚浮华而不务实际，遂为唐以下士子之通病矣。又自魏晋以来，多沿汉制设立国学，而唐制最备。自“国子”“太学”“四门”外，复有“律学”“书学”“算学”，其学生以阶级定之，皆隶于国子监。其地方亦各有学校，设博士助教等教之，当太宗世，学风最盛，增筑学舍至千二百区，学生多至八千余人。为汉后未有之盛事。高宗龙朔中，东都亦置国子监。于时场籍率先两监而后乡贡，诸以文儒亨达，鲜不由两监者。天宝中，且尝令举人专由国学及郡县学。越二载，又复乡贡，盖唐制学校亦科举之一法，固与汉以国学为讲学地者异也。然自天宝后，学校遂衰，生徒流散，不逮盛时什一。且或“堕窳败业而利口舌”，或“崇饰恶言而肆斗讼”，或“凌傲长上而谇骂有司”，学风之坏，亦颇为时人所讥焉。

唐朝的中衰

吕思勉

唐朝对外的威力，以高宗时为极盛，然其衰机亦肇于是时。高宗的性质是失之于柔懦的。他即位之初，还能遵守太宗的成规，所以永徽之政，史称其比美贞观。六五五年，高宗惑于才人武氏，废皇后王氏而立之。武后本有政治上的才能，高宗又因风眩之故，委任于她，政权遂渐入其手。高句丽、百济及西突厥虽于此时平定，而吐蕃渐强。吐谷浑为其所破，西域四镇亦被其攻陷，唐朝的外患，于是开始。六八三年，高宗崩，子中宗立。明年，即为武后所废，徙之房州（今湖北竹山县）。立其弟豫王旦（即后来的睿宗）。六九〇年，又废之，改国号为周，自称则天皇帝。后以宰相狄仁杰之言，召回中宗，立为太子。七〇五年，宰相张柬之等乘武后卧病，结宿卫将，奉中宗复位。自武后废中宗执掌政权至此，凡二十二年，若并其为皇后时计之，则达五十五年之久。武后虽有才能，可是宅心不正。她是一种只计维持自己的权势地位而不顾大局的政治家。当其握有政权之时，滥用禄位，以收买人心；又任用酷吏，严刑峻法，以威吓异己的人，而防其反动；骄奢淫逸的事情，更不知凡几；以致政治大乱。突厥余众复强。其默啜可汗公然雄踞漠南北，和中国对抗。甚至大举入河北，残数十州县。契丹酋长李尽忠亦一度入犯河北，中国不能讨，幸其为默啜所袭杀，乱乃定。因契丹的反叛，居于营州的靺鞨（营州，为热河朝阳县，为唐时管理东北异族的机关），就逃到东北，建立了一个渤海国。此为满族开化之始，中国对东北的声威，却因此失坠了。设在今朝鲜平壤地方的安东都护府，后亦因此不能维持，而移于辽东。高句丽、百济旧地，遂全入新罗之手。西南方面，西域四镇，虽经恢复，青海方面对吐蕃的战事，却屡次失利。中宗是个昏庸之主，他在房州，虽备尝艰苦，复位之后，却毫无觉悟，并不能铲除武后时的恶势力。皇后韦氏专权，和武后的侄儿子武三思私通，武氏因此复盛。张柬之等反遭贬谪而死。韦后的女儿安乐公主，中宗的婕妤上官婉儿，亦都干乱政治。政界情形的混浊，更甚于武后之时。七一〇年，中宗为韦后所弑。相王旦之子临淄王隆基定乱而立相王，是为睿宗。立隆基为太子。武后的女儿太平公主仍干政，惮太子英明，要想摇动他，幸而未能有成。太平公主被谪，睿宗亦传位于太子，是为玄宗。玄宗用姚崇为相，廓清从武后以来的积弊。又用宋璟及张九龄，亦都称为能持正。自七一三至七四一年，史家称为开元之治。末年，突厥复衰乱，七四四年，乘机灭之；连年和吐蕃苦战，把中宗时所失的河西九曲之地亦收复；国威似乎复振。然自武后已来，荒淫奢侈之习，渐染已深。玄宗初年，虽能在政治上略加整顿，实亦堕入其中而不能自拔。中岁以后，遂渐即怠荒。宠爱杨贵妃，把政事都交给一个奸佞的李林甫。李林甫死后，又用一个善于夤缘的杨国忠。天宝之乱，就无可遏止了。一个团体，积弊深的，往往无可挽回，这大约是历时已久的皇室必要被推翻的一个原因罢！

唐朝的盛衰，以安史之乱为关键。安史之乱，皇室的腐败只是一个诱因，其根源是别有所在的。(一)唐朝的武功从表面看，虽和汉朝相等，其声威所至，或且超过汉朝，但此乃世运进步使然，以经营域外的实力论，唐朝实非汉朝之比。汉武帝时，攻击匈奴，前后凡数十次；以至征伐大宛，救护乌孙，都是仗自己的实力去摧破强敌。唐朝的征服突厥、薛延陀等则多因利乘便，且对外多用蕃兵。玄宗时，府兵制度业已废坏，而吐蕃、突厥都强，契丹势亦渐盛。欲图控制、守御，都不得不加重边兵，所谓藩镇，遂兴起于此时，天下势成偏重。（二）胡字本是匈奴的专称，后渐移于一切北族。再后，又因文化的异同易泯，种族的外观难改，遂移为西域白种人的专称（详见拙著《胡考》，在《燕石札记》中，商务印书馆本）。西域人的文明程度，远较北族为高。他们和中国，没有直接的政治关系，所以不受注意。然虽无直接的政治关系，间接的政治关系却是有的，而且其作用颇大。从来北族的盛衰，往往和西胡有关涉。冉闵大诛胡、羯时，史称高鼻多须，颇有滥死，可见此时之胡，已非尽匈奴人。拓跋魏占据北方后，有一个盖吴，起而与之相抗，一时声势很盛，盖吴实在是个胡人（事在公元四四六年，即宋文帝元嘉二十三，魏太武帝太平真君七年。见《魏书·本纪》和《宋书·索虏传》）。唐玄宗时，北边有康待宾、康愿子相继造反，牵动颇广（事在七二一年、七二二年，即玄宗开元九年、十年）。康亦是西域姓。突厥颉利的衰亡，史称其信任诸胡，疏远宗族，后来回纥的灭亡亦然，可见他们的沉溺于物质的享受，以致渐失其武健之风，还不尽由于中国的渐染。从反面看，就知道他们的进于盛强，如物质文明的进步，政治、军事组织的改良等，亦必有受教于西胡的了。唐朝对待被征服的异族，亦和汉朝不同。汉朝多使之入居塞内，唐朝则仍留之于塞外，而设立都护府或都督府去管理他。

所以唐朝所征服的异族虽多，未曾引起像五胡乱华一般的杂居内地的异族之患。然环伺塞外的异族既多，当其种类昌炽，而中国政治力量减退时，就不免有被其侵入的危险了。唐末的沙陀，五代时的契丹，其侵入中国，实在都是这一种性质，而安史之乱，就是一个先期的警告。安禄山，《唐书》说他是营州柳城胡。他本姓康，随母嫁虏将安延偃，因冒姓安。安、康都是西域姓。史思明，《唐书》虽说他是突厥种，然其状貌，“鸢肩伛背，嵚目侧鼻”，怕亦是一个混血儿。安禄山和史思明都能通六蕃译，为互市郎，可见其兼具西胡和北族两种性质。任用蕃将，本是唐朝的习惯，安禄山遂以一身而兼做了范阳、平卢两镇的节度使（平卢军，治营州。范阳军，治幽州，今北平）。此时安禄山的主要任务，为镇压奚、契丹，他就收用其壮士，名之曰曳落河。其军队在当时藩镇之中，大约最为剽悍。目睹玄宗晚年政治腐败，内地守备空虚，遂起觊觎之念，并又求为河东节度使。七五五年，自范阳举兵反。不一月而河北失陷，河南继之，潼关亦不守，玄宗逃向成都。于路留太子讨贼，太子西北走向灵武（灵州治，今宁夏灵武县）。即位，是为肃宗。安禄山虽有强兵，却无政治方略，诸将亦都有勇无谋，既得长安之后，不能再行进取。朔方节度使郭子仪（朔方军，治灵州），乃得先平河东，就借回纥的兵力，收复两京（长安、洛阳）。安禄山为其子庆绪所杀。九节度之师围庆绪于邺。因号令不一，久而无功。史思明既降复叛，自范阳来救，九节度之师大溃。思明杀庆绪，复陷东京。李光弼与之相持。思明又为其子朝义所杀。唐朝乃得再借回纥之力，将其打平。此事在七六二年。其时肃宗已死，是代宗的元年了。安史之乱首尾不过八年，然对外的威力自此大衰，内治亦陷于紊乱，唐朝就日入于衰运了。

五代十国的兴亡和契丹的侵入

吕思勉

凡内争，是无有不引起外患的，沙陀的侵入，就是一个例。但沙陀是整个部族侵入中国的，正和五胡一样。过了几代之后，和汉族同化了。他的命运也就完了。若在中国境外，立有一国，以国家的资格侵入，侵入之后，其本国依然存在的，则其情形自又不同。自八四〇年顷回纥崩溃后，漠南北遂无强部，约历七十年而契丹兴。契丹，大约是宇文氏的遗落。其居中国塞外，实已甚久。但当六世纪初，曾遭到北齐的一次袭击，休养生息，到隋时元气才渐复。七世纪末，又因李尽忠的反叛而大遭破坏。其后又和安禄山相斗争，虽然契丹也曾打过一两次胜仗，然其不得安息，总是实在的。唐朝管理东北方最重要的机关是营州都督府，中叶后业已不能维持其威力，但契丹仍时时受到幽州的干涉，所以它要到唐末才能够兴起。契丹之众，是分为八部的。每部有一个大人。八个大人之中，公推一人司旗鼓。到年久了，或者国有疾疫而畜牧衰，则另推一个大人替代。它亦有一个共主，始而是大贺氏，后来是遥辇氏，似乎仅有一个虚名。他各部落间的连结，大概是很薄弱的，要遇到战斗的事情，才能互相结合，这或者也是他兴起较晚的一个原因。契丹太祖耶律阿保机，据《五代史》说，亦是八部大人之一。当公元十世纪之初，幽州刘守光暴虐，中国人逃出塞的很多。契丹太祖都把他招致了去，好好地抚慰他们，因而跟他们学得了许多知识，经济上和政治组织上都有进步了。就以计诱杀八部大人，不再受代。九一六年，并废遥辇氏而自立。这时候，漠南北绝无强部，他遂得纵横如意。东北灭渤海，服室韦，西南服党项、吐谷浑，直至河西回鹘。《辽史》中所列，他的属国，有四五十部之多。

梁太祖的私德，是有些缺点的，所以从前的史家，对他的批评，多不大好。然而私德只是私德，社会的情形复杂了，论人的标准，自亦随之而复杂，政治和道德、伦理，岂能并为一谈？就篡弑，也是历代英雄的公罪，岂能偏责一人？老实说：当大局阽危之际，只要能保护国家、抗御外族、拯救人民的，就是有功的政治家。当一个政治家要尽他为国为民的责任，而前代的皇室成为其障碍物时，岂能守小信而忘大义？在唐、五代之际，梁太祖确是能定乱和恤民的，而历来论者，多视为罪大恶极，甚有反偏袒后唐的，那就未免不知民族的大义了。惜乎天不假年，梁太祖篡位后仅六年而遇弑。末帝定乱自立，柔懦无能，而李克用死后，其子存勖袭位，颇有英锐之气。梁、晋战争，梁多不利。河北三镇及义武，复入于晋。九二三年，两军相持于郓州（今山东东平县），晋人乘梁重兵都在河外，以奇兵径袭大梁，末帝自杀，梁亡。存勖是时已改国号为唐，于是定都洛阳，是为后唐庄宗。中原之地，遂为沙陀所占据。后唐庄宗，本来是个野蛮人，灭梁之后，自然志得意满。于是纵情声色，宠爱伶人，听信宦官，政治大乱。九二五年，使宰相郭崇韬傅其子魏王继岌伐前蜀，把前蜀灭掉。而刘皇后听了宦官的话，疑心郭崇韬要不利于魏王，自己下命令给魏王，叫他把郭崇韬杀掉。于是人心惶骇，谣言四起。天雄军据邺都作乱。庄宗派李克用的养子李嗣源去征伐，李嗣源的军队也反了，胁迫李嗣源进了邺城。嗣源用计，得以脱身而出。旋又听了女婿石敬瑭的话，举兵造反。庄宗为伶人所弑。嗣源立，是为明宗。明宗年事较长，经验亦较多，所以较为安静。九三三年，明宗死，养子从厚立，是为闵帝。时石敬瑭镇河东，明宗养子从珂镇凤翔，闵帝要把他们调动，从珂举兵反。

闵帝派出去的兵，都倒戈投降。闵帝出奔被杀。从珂立，是为废帝。又要调动石敬瑭，敬瑭又反。废帝鉴于闵帝的失败，是预备了一个不倒戈的张敬达，然后发动的，就把石敬瑭围困起来。敬瑭乃派人到契丹去求救，许割燕、云十六州之地（幽州、云州已见前。蓟州，今河北蓟县。瀛州，今河北河间县。莫州，今河北肃宁县。涿州，今河北涿县。檀州，今河北密云县。顺州，今河北顺义县。新州，今察哈尔涿鹿县。妫州，今察哈尔怀来县。儒州，今察哈尔延庆县。武州，今察哈尔宣化县。应州，今山西应县。寰州，今山西马邑县。朔州，今山西朔县。蔚州，今察哈尔蔚县）。他手下的刘知远劝他：只要赂以金帛，就可如愿，不可许割土地，以遗后患。敬瑭不听。此时契丹太祖已死，次子太宗在位，举兵南下，反把张敬达围困起来，废帝不能救。契丹太宗和石敬瑭南下，废帝自焚死。敬瑭定都于大梁，是为晋高祖，称臣割地于契丹。九四二年，晋高祖死，兄子重贵立，是为出帝。听了侍卫景延广的话，对契丹不复称臣，交涉亦改强硬态度。此时契丹已改国号为辽。辽兵南下，战事亦互有胜负。但石晋国力疲敝，而勾通外敌，觊觎大位之例已开，即不能禁人的不效尤。于是晋将杜重威降辽，辽人入大梁，执出帝而去。时在九四六年。辽太宗是个粗人，不懂得政治的。既入大梁，便派人到各地方搜括财帛。又多派他的亲信到各地方去做刺史，汉奸附之以虐民。辽人的行军，本来是不带粮饷的，大军中另有一支军队，随处剽掠以自给，谓之打草谷军，入中国后还是如此。于是反抗者四起。辽太宗无如之何，只得弃汴梁而去，未出中国境而死。太宗本太祖次子，因皇后述律氏的偏爱而立。其兄突欲，汉名倍。定渤海后封于其地，谓之东丹王。东丹王奔后唐，辽太宗入中国时，为晋人所杀，述律后第三子李胡，较太宗更为粗暴，辽人怕述律后要立他，就军中拥戴了东丹王的儿子，是为世宗。

李胡兴兵拒战，败绩。世宗在位仅四年，太宗之子穆宗继立，沉湎于酒，政治大乱，北边的风云，遂暂告宁静。此时侵入中国的，幸而是辽太宗，倘使是辽太祖，怕就没有这么容易退出去了。

契丹虽然退出，中原的政权，却仍落沙陀人之手。刘知远入大梁称帝，是为后汉高祖。未几而死，子隐帝立。九五〇年，为郭威所篡，是为后周太祖。中原的政权，始复归于汉人。后汉高祖之弟旻，自立于太原，称侄于辽，是为北汉，亦称东汉。后周太祖立四年而死，养子世宗立。北汉乘丧来伐，世宗大败之于高平（今山西高平县）。先是吴杨行密之后，为其臣李昪所篡，改国号为唐，是为南唐。并有江西之地，疆域颇广。而后唐庄宗死后，西川节度使孟知祥攻并东川而自立，是为后蜀。李昪之子璟，乘闽、楚之衰，将其吞并，意颇自负；孟知祥之子昶，则是一个昏愚狂妄之人；都想交结契丹，以图中原。世宗要想恢复燕、云，就不得不先膺惩这两国。唐代藩镇之弊，总括起来，是“地擅于将，将擅于兵”八个字。一地方的兵甲、财赋，固为节度使所专，中央不能过问。节度使更代之际，也至少无全权过问，或竟全不能过问。然节度使对于其境内之事，亦未必能全权措置，至少是要顾到其将校的意见，或遵循其军中的习惯的。尤其当更代之际，无论是亲子弟，或是资格相当的人，也必须要得到军中的拥戴，否则就有被杀或被逐的危险。节度使如失众心，亦会为其下所杀。又有野心的人，煽动军队，饵以重赏，推翻节度使而代之的。此等军队，真乃所谓骄兵。凡兵骄，则对外必不能作战，而内部则被其把持，一事不可为，甚且纲纪全无，变乱时作。唐中叶以后的藩镇，所以坐视寇盗的纵横而不能出击；明知强邻的见逼，也只得束手坐待其吞并；一遇强敌，其军队即土崩瓦解；其最大的原因，实在于此。这是非加以彻底的整顿，不足以有为的。周世宗本就深知其弊，到高平之战，军队又有兵刃未接，而望风解甲的，乃益知其情势的危险。于是将禁军大加裁汰，又令诸州募兵，将精强的送至京师，其军队乃焕然改观，而其政治的清明，亦足以与之相配合，于是国势骤张。先伐败后蜀。又伐南唐，尽取江北之地。九五九年，遂举兵伐辽。恢复了瀛、莫、易三州，直逼幽州。此时正直契丹中衰之际，倘使周世宗不死，燕、云十六州，是很有恢复的希望的，以后的历史，就全然改观了。惜乎世宗在途中遇疾，只得还军，未几就死了。嗣子幼弱，明年，遂为宋太祖所篡。

宋太祖的才略，亦和周世宗不相上下，或者还要稳健些。他大约知道契丹是大敌，燕、云一时不易取，即使取到了，也非有很重的兵力不能守的，而这时候割据诸国，非弱即乱，取之颇易，所以要先平定了国内，然后厚集其力以对外。从梁亡后，其将高季兴据荆、归、峡三州自立（荆州，今湖北江陵县。归州，今湖北秭归县。峡州，今湖北西陵县），是为南平。而楚虽为唐所灭，朗州亦旋即独立（朗州，今湖南常德县）。九六二年宋太祖因朗州和衡州相攻击（衡州，今湖南衡山县），遣人来求救，遣兵假道南平前往，把南平和朗州都灭掉（衡州先已为朗州所破）。九六五年，遣兵灭后蜀。九七一年，遣兵灭南汉。九七五年，遣兵灭南唐。是年，太祖崩，弟太宗立。九七六年，吴越纳土归降。明年，太宗遂大举灭北汉。于是中国复见统一。自九〇七年朱梁篡唐至此，共计七十二年。若从八八〇年僖宗奔蜀，唐朝的中央政权实际崩溃算起，则适得一百年。

第六辑
细说两宋

宋朝人的议论，是喜欢彻底的，亦是偏于理论的。所以论事则好为高远之谈，论人则每作诛心之论。这固然也有好处，然而容易失之迂阔，亦容易流于过刻。而好名而激于意气，则又容易流为党争。

北宋的积弱

吕思勉

五代末年，偏方割据诸国，多微弱不振。契丹则是新兴之国，气完力厚的，颇不容易对付，所以宋太祖要厚集其力以对付他。契丹的立国，是合部族、州县、属国三部分而成的。属国仅有事时量借兵粮，州县亦仅有益于财赋（辽朝的汉兵，名为五京乡丁，只守卫地方，不出戍）。只有部族，是契丹立国的根本，这才可以真正算是契丹的国民。他们都在指定的地方，从事于畜牧。举族皆兵，一闻令下，立刻聚集，而且一切战具，都系自备。马既多，而其行军又不带粮饷，到处剽掠自资（此即所谓“打草谷”），所以其兵多而行动极速。周世宗时，正是契丹中衰之会，此时却又兴盛了（辽唯穆宗最昏乱。九六九年，被弑，景宗立，即复安。九八三年，景宗死，圣宗立。年幼，太后萧氏同听政。圣宗至一〇三〇年乃死，子兴宗立。一〇五四年死。圣宗时为辽全盛之世。兴宗时尚可蒙业而安，兴宗死，子道宗立，乃衰）。宋朝若要以力服契丹，非有几十万大兵，能够连年出征，攻下了城能够守，对于契丹地方，还要能加以破坏扰乱不可。这不是容易的事，所以宋太祖不肯轻举。而太宗失之轻敌，灭北汉后，不顾兵力的疲敝，立刻进攻。于是有高梁河之败（在北平西）。至九八五年，太宗又命将分道北伐，亦不利。而契丹反频岁南侵。自燕、云割弃后，山西方面，还有雁门关可守，河北方面，徒恃塘泺以限戎马，是可以御小敌，而不足以御大军的。契丹大举深入，便可直达汴梁对岸的大名，宋朝受威胁殊甚。一〇〇四年，辽圣宗奉其母入寇，至澶州（今河南濮阳县）。真宗听了宰相寇准的话，御驾亲征，才算把契丹吓退。然毕竟以岁币成和（银十万两，绢二十万匹）。宋朝开国未几，国势业已陷于不振了。

假使言和之后，宋朝能够秣马厉兵，以伺其隙，契丹是个浅演之国，他的强盛必不能持久，亦未必无隙可乘。宋朝却怕契丹启衅，伪造天书，要想愚弄敌人（宋朝伪造天书之真意在此，见《宋史·真宗本纪论》）。敌人未必被愚弄，工于献媚和趁风打劫、经手侵渔的官僚，却因此活跃了。斋醮、宫观，因此大兴，财政反陷于竭蹶。而西夏之乱又起。唐朝的政策，虽和汉朝不同，不肯招致异族，入居塞内，然被征服的民族多了，乘机侵入，总是不免的。尤其西北一带，自一度沦陷后，尤为控制之力所不及。党项酋长拓跋氏（拓跋是鲜卑的民族，党项却系羌族，大约是鲜卑人入于羌部族而为其酋长的），于唐太宗时归化。其后裔拓跋思敬以平黄巢有功，赐姓李氏。做了定难节度使，据有夏、银、绥、宥、静五州（夏州，今陕西怀远县。银州，今陕西米脂县。绥州，今陕西绥德县。宥州，今鄂尔多斯右翼后旗。静州，在米脂县西）。传八世至继捧，于宋太宗的时候来降，而其弟继迁叛去。袭据银州和灵州，降于辽，宋朝未能平定。继迁传子德明，三十年未曾窥边，却征服了河西，拓地愈广。一〇二二年，真宗崩，仁宗立。一〇三四年，德明之子元昊反，兵锋颇锐。宋朝屯大兵数十万于陕西，还不能戢其侵寇。到一〇四四年，才以岁赐成和（银、绢、茶、彩，共二十五万五千）。此时辽圣宗已死，兴宗在位，年少气盛，先两年，遣使来求关南之地（瓦桥关，在雄县。周世宗复瀛、莫后，与辽以此为界），宋朝亦增加了岁币（增银十万两，绢十万匹），然后和议得以维持。给付岁币的名义，《宋史》说是纳字，《辽史》却说是贡字，未知谁真谁假。然即使用纳字，亦已经不甚光荣了。仁宗在位岁久，政颇宽仁，然亦极因循腐败。兵多而不能战，财用竭蹶而不易支持，已成不能振作之势。一〇六三年，仁宗崩，英宗立，在位仅四年。神宗继之，乃有用王安石变法之事。

王安石的变法，旧史痛加诋毁，近来的史家，又有曲为辩护的，其实都未免有偏。王安石所行的政事，都是不错的。但行政有一要义，即所行之事，必须要达到目的，因此所引起的弊窦，必须减至极少。若弊窦在所不免，而目的仍不能达，就不免徒滋纷扰了。安石所行的政事，不能说他全无功效，然因此而引起的弊端极大，则亦不容为讳。他所行的政事，免役最是利余于弊的，青苗就未必能然。方田均税，在他手里推行得有限，后人踵而行之，则全是徒有其名。学校、贡举则并未能收作育人才之效。宋朝当日，相须最急的是富国强兵。王安石改革的规模颇大，旧日史家的议论，则说他是专注意于富强的（尤其说王安石偏于理财。此因关于改革社会的行政，不为从前的政治家所了解之故）。他改革的规模，固不止此，于此确亦有相当的注意。其结果：裁汰冗兵，确是收到很大的效果的，所置的将兵，则未必精强，保甲尤有名无实，而且所引起的骚扰极大。安石为相仅七年，然终神宗之世，守其法未变。一〇八五年，神宗崩，子哲宗立。神宗之母高氏临朝。起用旧臣，尽废新法。其死后，哲宗亲政，复行新法，谓之“绍述”。一一〇〇年，哲宗崩，徽宗立，太后向氏权同听政。想调和新旧之见，特改元为建中靖国。徽宗亲政后，仍倾向于新法。而其所用的蔡京，则是反复于新旧两党间的巧宦。徽宗性极奢侈，蔡京则搜括了各方面的钱，去供给他浪用。政治情形一落千丈。恢复燕、云和西北，可说是神宗和王安石一个很大的抱负。但因事势的不容许，只得先从事于其易。王安石为相时，曾用王韶征服自唐中叶以后杂居于今甘、青境内的蕃族，开其地为熙河路。这可说是进取西夏的一个预备。然神宗用兵于西夏却不利。哲宗时，继续筑寨，进占其地。夏人力不能支，请辽人居间讲和。宋因对辽有所顾忌，只得许之。徽宗时，宦者童贯，继续用兵西北，则徒招劳费而已。总之：宋朝此时的情势，业已岌岌难支，幸辽、夏亦已就衰，暂得无事，而塞外有一个新兴民族崛起，就要大祸临头了。

金朝的先世，便是古代的所谓肃慎，南北朝隋、唐时的靺鞨。宋以后则称为女真（女真两字，似即肃慎的异译。清人自称为满洲，据明人的书，实作满住，乃大酋之称，非部族之名。愚案靺鞨酋长之称为大莫弗瞒咄，瞒咄似即满住，而靺鞨两字，似亦仍系瞒咄的异译。至汉时又称为挹娄，据旧说：系今叶鲁二字的转音。而现在的索伦两字，又系女真的异译，此推测而确，则女真民族之名，自古迄今，实未曾变）。其主要的部落，在今松花江流域。在江南的系辽籍，称为熟女真，江北的不系籍，谓之生女真。女真的文明程度，是很低的，到渤海时代，才一度开化。金朝的始祖名唤函普，是从高句丽旧地入居生女真的完颜部，而为其酋长的。部众受其教导，渐次开化。其子孙又以渐征服诸部族，势力渐强。而辽自兴宗后，子道宗立，政治渐乱。道宗死，子天祚帝立，荒于游畋，竟把国事全然置诸不顾。女真本厌辽人的羁轭，天祚帝遣使到女真部族中去求名鹰，骚扰尤甚，遂致激起女真的叛变。金太祖完颜阿骨打于一一一四年起兵与辽相抗。契丹控制女真的要地黄龙府、咸州、宁江州（黄龙府，今吉林农安县。咸州，今辽宁铁岭县。宁江州，在吉林省城北），次第失陷。天祚帝自将大兵东征，因有内乱西归。旋和金人讲和，又迁延不定。东京先陷，上京及中、西两京继之（上京临潢府，在今热河开鲁县南。中京大定府，在今热河建昌县。东京辽阳府，今辽宁辽阳县。南京析津府，即幽州。西京大同府，即云州）。南京别立一君，意图自保，而宋人约金攻辽之事又起。先是童贯当权，闻金人攻辽屡胜，意图侥幸。遣使于金，求其破辽之后，将石晋所割之地，还给中国。金人约以彼此夹攻，得即有之。而童贯进兵屡败，乃又求助于金。金太祖自居庸关入，把南京攻下。太祖旋死，弟太宗立。天祚帝展转漠南，至1125年为金人所获，辽亡。

宋朝本约金夹攻的，此时南京之下，仍借金人之力，自无坐享其成之理，乃输燕京代税钱一百万缗，并许给岁币。金人遂以石晋所割之地来归。女真本系小部族，此时吞并全辽，已觉消化不下，焉有余力经营中国的土地？这是其肯将石晋所割之地还给中国的理由。但女真此时，虽不以地狭为忧，却不免以土满为患。文明国民，生产能力高强的，自然尤为其所欢迎。于是军行所至，颇以掳掠人口为务。而汉奸亦已有献媚异族，进不可割地之议的。于是燕京的归还，仅系一个空城，尽掳其人民以去。而营、平、滦三州（平州，今河北卢龙县。滦州，今河北滦县），本非石晋所割让，宋朝向金要求时，又漏未提及，则不肯归还，且将平州建为南京，命辽降将张觉守之。燕京被掳的人民，流离道路，不胜其苦，过平州时，求张觉做主。张觉就据地来降。这是一件很重大的交涉。宋朝当时，应该抚恤其人民，而对于金朝，则另提出某种条件，以足其欲而平其愤。金朝此时，虽已有汉奸相辅，究未脱野蛮之习，且值草创之际，其交涉是并不十分难办的。如其处置得宜，不但无启衅之忧，营、平、滦三州，也未尝不可乘机收复。而宋朝贸然受之，一无措置。到金人来诘责，则又手忙脚乱，把张觉杀掉，函首以畀之。无益于金朝的责言，而反使降将解体，其手段真可谓拙劣极了。

辽朝灭亡之年，金朝便举兵南下。宗翰自云州至太原，为张孝纯所阻，而宗望自平州直抵汴京。时徽宗已传位于钦宗。初任李纲守御，然救兵来的都不能解围。不得已，许割太原、中山、河间三镇（中山，今河北定县。河间，今河北河间县）；宋主称金主为伯父；并输金五百万两，银五千万两，牛、马万头，表缎百万匹讲和。宗望的兵才退去。金朝此时，是不知什么国际的礼法的，宗翰听闻宗望得了赂，也使人来求赂。宋人不许。宗翰怒，攻破威胜军和隆德府（威胜军，今山西沁县。隆德府，今山西长治县）；宋人认为背盟，下诏三镇坚守。契丹遗臣萧仲恭来使，又给以蜡书，使招降契丹降将耶律余睹。于是宗翰、宗望再分道南下，两路都抵汴京。徽、钦两宗，遂于一一二七年北狩。金朝这时候，是断没有力量，再占据中国的土地的，所希望的，只是有一个傀儡，供其驱使而已。乃立宋臣张邦昌为楚帝，退兵而去。张邦昌自然是要靠金朝的兵力保护，然后能安其位的。金兵既去，只得自行退位。而宋朝是时，太子、后妃、宗室多已被掳，只得请哲宗的废后孟氏出来垂帘。“虽举族有北辕之衅，而敷天同左袒之心”（孟后立高宗诏语），这时候的民族主义，自然还要联系在忠君思想上，于是孟后下诏，命高宗在归德正位（今河南商丘县）。

宋室积弱之原因

金毓黻

夫矫枉者必过正，有一利必有一弊，今日之所谓利，即他日之所谓弊，宋祖之立国政策，不为不善，然缘之而生一弊，其弊维何？曰积弱不振是已。

先以军政言：宋聚天下精兵于京师，谓之强本弱枝，又仰江淮之漕运，以给军食，故汴京一地，遂为宋代政治之中心，此其立制之善者也。宋祖于杯酒间，释去诸将之兵权，论者咸津津乐道之，然所罢去者，不过为久典禁军之宿将，此将既去，他将又来，寻其症结，尚别有在。宋祖立法之要义，在有固定之禁军，而无固定之将帅，自更戍之法行，在京统禁军之将帅，仅负训练之任，一经遣戍他地，则以所在之帅臣守臣统辖之，凡召募屯戍调发及兵籍之数，皆掌于枢密院，二司殿前侍卫不得过而问焉。地方志帅，大者如宣抚经略，次者如知府事知州事，皆军民并统，其下尚有钤辖都监，为地方主兵之官，禁军分戍其地，即须归其节制，所谓“将不得专其兵”者，即指此而言。一遇方面有警，调军备御，统军之将，亦为临时派置，在京二司之长，率不得与如都指挥使都虞侯，总之，宋分统军之责为三，枢密司调遣，二司司训练，帅臣司统率，三者不相统属，无人从而操纵，此宋代立法经义之所在也。考今之列强，将皆不得专其兵，遇有征伐，临时置帅，其下师旅之长，平时亦常有调动，然未闻以兵将不相习，而致军纪之紊，是则此点，亦非宋积弱症结之所在也。症结之所在，由于以不知兵之文臣统兵，西夏跳梁为患，虽韩范名臣，亦无可如何，终出于赐币之一途，以文臣不知兵，故不能尽用兵之用也。狄青平侬智高还，仁宗欲擢为枢密使，庞籍以青起于行伍，力持不可，高宗南渡，范同迎合秦桧之意，建议三大将不可久典重兵，遂分其权于部下，此皆为秉承祖宗之传统政策，疏忌武臣太甚之所致。宋代以文臣主兵，实为矫枉过正，此宋室积弱之原因一。

次以民事言：宋留节度使于京师，不遣之镇，观察团练防御刺史，俱无职任，特以为武臣迁转之阶，别遣京朝官，出典外州，谓之知某州军州事，军谓兵，州谓民政，其于府军监亦然。是谓之差遣，实则各府州军监皆有本任官，虽已除授，不令之任，是谓之寄禄官，名实不符，莫此为甚。宋制宰执罢任，多令出典外州，位高者谓之判州事，如韩琦罢相后，出判相州，相为今之安阳，琦之故乡也，欧阳修为之撰记，比于衣锦之荣，次则朝臣忤旨，亦令出知外州，是则宋之诸州，不为朝廷优礼老臣之乡，即为迁谪罪臣之地，以视汉代擢贤太守为宰相，与良二千石共治天下之旨，判然异趣，欲其吏治之良，又何可得。且诸州通判，与知州事同治一郡之政，通判亦事不得专遽，一如清代之督抚同城，行之既久，长吏举措，多为所制，乃加以抑损，交移须与守臣通签，方许行下，夫通判之设，原以钤制武臣，节度既不之镇，守臣代以文臣，则通判之官，适成赘疣，徒掣守臣之肘，亦矫枉过正之弊制也。唐代于十道置采访使，后改观察处置等使，以总一道之政，盖以府州之政区太小，直隶中央，过于散漫，故于中间置监司之官，以代中央之耳目，此为汉代州刺史之任，亦制度之良者也。宋代诸路之监司官，有帅漕宪仓四种，安抚使为帅臣，总军民之政，都转运使为漕臣，总财赋漕运兼察吏之权，提点刑狱为宪司，提举常平为仓官，凡为监司官者，资历或不及州守，其以旧相为州守者，往往视监司如后辈，是则宋代地方行政之窃败，正由监司官不能举职，有以致之。总上所述，谓之重内轻外，此宋室积弱之原因二。

立国政策无可议者，只有财赋一端。各地财赋，由中央命官征收，地方不得占留，以一财赋之权，行之不久，遂致库藏充盈，太祖乃为封椿库以别储其羡余。然以兵额之增，官俸之滥，恩赏之厚，以及西师之困，辽夏岁币之无艺，仁宗以降，遂大成国用之不足，神宗相王安石，至以理财为先务。是则宋之积弱，财用匮乏，亦为一因。

综上所考，则知宋室之积弱，悉与立国之政策相缘，岂宋祖赵普贻谋不减，有以致之耶？是又不然。宋承周世宗之余荫，禁军渐知驯服，藩臣俯首听命，能于此时，厉行军民分途而治财赋还诸中央之策，正为对症之良药。且观太祖太宗之世，各州长吏，未尝不文武并用，征伐北汉、西蜀、南唐、契丹诸役，以曹彬、王全斌、潘美为帅，仍为禁旅节镇之雄，未尝以文臣制于其上，诸州通判之役，既以钤制武臣，并为文臣知州之准备，与后来之弊政无涉，此盖属于初步之改革，因时制宜，弊去太甚，虽免不矫枉过正，未得以贻谋不臧，为宋祖赵普咎也。真仁以后，泥守不变，束缚武臣，从而加甚，且以为祖宗之法不可轻变，致演成积弱不振之局，咎自别有所归。神宗御世，用王安石变法，欲去真仁以来之积弊，而为太祖太宗之肖孙，所谓物穷则变，良非得已，惜乎时晚寡助，终无以挽回之劫运也。

宋室积弱之原因，不必尽属于内部，其在北边之辽金，西北边之西夏，亦与有关系焉。何以明之？辽起松漠，在五代之初，后藉石晋求助之隙，进而攫取燕云，使北边之藩篱尽撤，南向而与中国争衡，盖乘中国之弊，而使中国不能乘其弊，故以辽强宋弱为结局，宋不能因辽之亡，以振国威，而承其弊者，以代辽而兴者为金人，而非宋人也。其于西夏亦然，夏人起于唐季，累世据有河西，至宋初已根深蒂固矣，宋人不悟，欲收其土为中国有，而终不能也。夫汉初有匈奴，唐初有突厥，其强大侔于宋代之辽夏，然汉武唐宗卒能击破而臣服之者，以其未闯入中国之樊笼有反客为主之势也。宋代则不然，辽居上游，俯以临宋，夏居辽结，讬以自固，掎角之势已成，鼎足之局遂定，纵令宋之君为汉武唐宗，且无文臣主兵重内轻外之过举，以当入控腹背之强敌，亦未必能收安攘之效，矧宋之君臣又万万不如乎。夫曰积弱，则其弱由积渐而然，非一朝一夕之故，宋初本非甚弱，迨真宗怯于御辽，仁宗绌于谋夏，而积弱之势乃成，神宗蹶然，终莫能振，是故宋室积弱之由，盖属内外相兼，先有内亏以造成积弱之因，后有外患以促成积弱之势，若述内而忘外，亦不足概其全焉。

南宋恢复的无成

吕思勉

语云："败军之气，累世而不复"，这话亦不尽然。"困兽犹斗"，反败为胜的事情，决不是没有的，只看奋斗的精神如何罢了。宋朝当南渡时，并没有什么完整的军队，而且群盗如毛，境内的治安，且岌岌不可保，似乎一时间决谈不到恢复之计。然以中国的广大，金朝人能有多大的兵力去占据？为宋朝计，是时理宜退守一个可守的据点，练兵筹饷，抚恤人民。被敌兵蹂躏之区，则奖励、指导其人民，使之团结自守，而用相当的正式军队，为之声援。如此相持，历时稍久，金人的气焰必渐折，恢复之谋，就可从此开展了。苦于当时并没有这种眼光远大的战略家。而且当此情势，做首领的，必须是一个文武兼资之才，既有作战的策略，又能统驭诸将，使其不敢骄横，遇敌不敢退缩，对内不敢干政，才能够悉力对外。而这时候，又没有这样一个长于统率的人物。金兵既退，宗泽招降群盗，以守汴京。高宗既不能听他的话还跸，又不能驻守关中或南阳，而南走扬州。一一二九年，金宗翰、宗望会师濮州（今山东濮县），分遣娄室入陕西。其正兵南下，前锋直打到扬州。高宗奔杭州（今浙江杭县）。明年，金宗弼渡江，自独松关入（今安徽广德县东）。高宗奔明州（今浙江鄞县）。金兵再进迫，高宗逃入海。金兵亦入海追之，不及乃还。自此以后，金人亦以“士马疲敝，粮储未丰”（宗弼语），不能再行进取了。其西北一路，则宋朝任张浚为宣抚使，以拒娄室，而宗弼自江南还，亦往助娄室。浚战败于富平（今陕西兴平县），陕西遂陷。但浚能任赵开以理财，用刘子羽、吴玠、吴璘等为将，卒能保守全蜀。

利用傀儡，以图缓冲，使自己得少休息，这种希冀，金人在此时，还没有变。其时宗泽已死，汴京失陷，金人乃立宋降臣刘豫于汴，畀以河南、陕西之地。刘豫却想靠着异族的力量反噬，几次发兵入寇，却又都败北。在金人中，宗弼是公忠体国的，挞懒却骄恣腐败（金朝并无一定之继承法，故宗室中多有觊觎之心。其时握兵权者，宗望、宗弼皆太祖子，宗翰为太祖从子，挞懒则太祖从弟。宗翰即有不臣之心。挞懒最老寿，在熙宗时为尊属，故其觊觎尤甚。熙宗、海陵庶人、世宗，皆太祖孙）。秦桧是当金人立张邦昌时，率领朝官，力争立赵氏之后，被金人捉去的。后来以赐挞懒。秦桧从海路逃归。秦桧的意思，是偏重于对内的。因为当时，宋朝的将帅颇为骄横。“廪稍惟其所赋，功勋惟其所奏。”“朝廷以转运使主馈饷，随意诛求，无复顾惜。”“使其浸成疽赘，则非特北方未易取，而南方亦未易定。”（叶适《论四大屯兵》语，详见《文献通考·兵考》）所以要对外言和，得一个整理内部的机会。当其南还之时，就说要“南人归南，北人归北”。高宗既无进取的雄才，自然意见与之相合。于是用为宰相。一一三七年，刘豫为宗弼所废。秦桧乘机，使人向挞懒要求，把河南、陕西之地，还给宋朝。挞懒允许了。明年，遂以其地来归。而金朝突起政变。一一三九年，宗弼回上京（今吉林阿城县）。挞懒南走。至燕京，为金人所追及，被杀。和议遂废。宗弼再向河南，娄室再向陕西。宋朝此时，兵力已较南渡之初稍强。宗弼前锋至顺昌（今安徽阜阳县），为刘锜所败。岳飞从湖北进兵，亦有郾城之捷（今河南偃城县）。吴璘亦出兵收复了陕西若干州郡。倘使内部没有矛盾，自可和金兵相持。而高宗、秦桧执意言和，把诸将召还，和金人成立和约：东以淮水，西以大散关为界（在陕西宝鸡县南），岁奉银、绢各二十五万两、匹。宋高宗称臣于金，可谓屈辱极了。于是罢三宣抚司，改其兵为某州驻扎御前诸军，而设总领以司其财赋。

金太宗死后，太祖之孙熙宗立，以嗜酒昏乱，为其从弟海陵庶人所弑。此事在一一四九年。海陵更为狂妄。迁都于燕，后又迁都于汴。一一六〇年，遂大举南侵。以其暴虐过甚，兵甫动，就有人到辽阳去拥立世宗。海陵闻之，欲尽驱其众渡江，然后北还。至采石矶，为宋虞允文所败。改趋扬州，为其下所弑。金兵遂北还。一一六二年，高宗传位于孝宗。孝宗颇有志于恢复，任张浚以图进取。浚使李显忠进兵，至符离（集名，在今安徽宿县），大败。进取遂成画饼。一一六五年，以岁币各减五万，宋主称金主为伯父的条件成和。金世宗算是金朝的令主。他的民族成见，是最深的。他曾对其种人，屡称上京风俗之美，教他们保存旧风，不要汉化。臣下有说女真、汉人，已为一家的，他就板起脸说："女真、汉人，其实是二。"这种尖锐的语调，决非前此的北族，所肯出之于口的，其存之于心的，自亦不至如世宗之甚了。然世宗的见解虽如此，而既不能放弃中原之地，就只得定都燕京。并因是时叛者蜂起，不得不将猛安、谋克户移入中原，以资镇压。夺民地以给之，替汉人和女真之间，留下了深刻的仇恨。而诸猛安谋克人，则唯酒是务，竟有一家百口，垄无一苗的，征服者的气质，丧失净尽了。自太祖崛起至此，不过六十年。

公元一一九四年，孝宗传位于光宗。此时金世宗亦死，子章宗立，北边颇有叛乱，河南、山东，亦有荒歉之处，金朝的国势渐衰。宋光宗多病，皇后李氏又和太上皇不睦。一一九四年，孝宗崩，光宗不能出而持丧，人心颇为疑惑。宰相赵汝愚，因合门使韩侂胄，请于高宗后吴氏，扶嘉王扩内禅，是为宁宗。韩侂胄排去赵汝愚，代为宰相，颇为士流所攻击，想立恢复之功，以间执众口。一二〇六年遂贸然北伐。谁想金兵虽弱，宋兵亦不强。兵交之后，襄阳和淮东西州郡，次第失陷。韩侂胄又想谋和，而金人复书，要斩侂胄之首，和议复绝。皇后杨氏本和韩侂胄有隙，使其兄次山，勾结侍郎史弥远，把韩侂胄杀掉，函首以畀金。一二〇八年，以增加岁币为三十万两、匹的条件成和。韩侂胄固然是妄人，宋朝此举，也太不成话了。和议成后两年，金章宗死，世宗子卫绍王立。其明年，蒙古侵金，金人就一败涂地。可见金朝是时，业已势成弩末，宋朝并没有急于讲和的必要了。

蒙古本室韦部落，但其后来和鞑靼混合，所以蒙人亦自称为鞑靼。其居地初在望建河，即今黑龙江上游之南，而后徙于不而罕山。自回纥灭亡以后，漠北久无强部，算到一一六七年成吉思汗做蒙古的酋长的时候，已经三百六十多年了，淘汰，酝酿，自然该有一个强部出来。成吉思汗少时，漠南北诸部错列，蒙古并不见得怎样强大。且其内部分裂，成吉思汗备受同族的龋龁。但汗有雄才大略，收合部众，又与诸部落合纵连横，至一二〇六年，而漠南北诸部，悉为所征服。这一年，诸部大会于斡难河源（今译作鄂诺，又作敖嫩），上他以成吉思汗的尊号。成吉思汗在此时，已非蒙古的汗，而为许多部族的大汗了。一二一〇年，成吉思汗伐夏，夏人降。其明年，遂伐金。金人对于北方，所采取的是一种防守政策。从河套斜向东北，直达女真旧地，筑有一道长城。汪古部居今归绥县之北，守其冲要之点。此时汪古通于蒙古，故蒙古得以安行而入长城。会河堡一战（会河堡，在察哈尔万全县西），金兵大败，蒙古遂入居庸关。留兵围燕京，分兵蹂躏山东、山西，东至辽西。金人弑卫绍王，立宣宗，与蒙古言和，而迁都于汴。蒙古又以为口实，发兵攻陷燕京。金人此时，尽迁河北的猛安、谋克户于河南，又夺汉人之地以给之。其民既不能耕，又不能战，势已旦夕待亡。幸一二一八年，成吉思汗用兵于西域，金人乃得少宽。这时候，宋朝亦罢金岁币。避强凌弱，国际上总是在所不免的；而此时金人，财政困难，对于岁币，亦不肯放弃，或者还希冀战胜了可以向宋人多胁取些；于是两国开了兵衅。又因场疆细故，与夏人失和。兵力益分而弱。一二二四年，宣宗死，哀宗立，才和夏人以兄弟之国成和（前此夏人称臣），而宋朝卒不许其和。时成吉思汗亦已东归，蒙古人的兵锋，又转向中原了。一二二七年，成吉思汗围夏。未克而死。遗命秘不发丧，把夏人灭掉。一二二九年，太宗立。明年，复伐金。时金人已放弃河北，以精兵三十万，守邳县到潼关的一线。太宗使其弟拖雷假道于宋，宋人不许。拖雷就强行通过。自汉中、襄、郧而北，大败金人于三峰山（在河南禹县）。太宗亦自白坡渡河（在河南孟津县），使速不台围汴。十六昼夜不能克，乃退兵议和。旋金兵杀蒙古使者，和议复绝。金哀宗逃到蔡州。宋、元复联合以攻金。宋使孟珙、江海帅师会蒙古兵围蔡。一二三四年，金亡。

约金攻辽，还为金灭，这是北宋的覆辙，宋人此时，似乎又不知鉴而蹈之了。所以读史的人，多以宋约元攻金为失策。这亦未必尽然。宋朝和金朝是不共戴天之仇，不能不报的。若说保存金朝以为障蔽，则金人此时，岂能终御蒙古？不急进而与蒙古联合，恢复一些失地，坐视金人为蒙古所灭，岂不更糟？要知约金攻辽，亦并不算失策，其失策乃在灭辽之后，不能发愤自强，而又轻率启衅。约元灭金之后，弊亦仍在于此。金亡之前十年，宋宁宗崩，无子。史弥远援立理宗，仍专政。金亡前一年，史弥远死，贾似道继之。贾似道是表面上似有才气，而不能切实办事的人，如何当得这艰难的局面？金亡之后，宋朝人倡议收复三京（宋东京即大梁，南京即宋州，西京为洛阳，北京为大名），入汴、洛而不能守。蒙古反因此南侵，江、淮之地多陷。一二四一年，蒙古太宗死。一二四六年，定宗立。三年而死。一二五一年，宪宗方立。蒙古当此时，所致力的还是西域，而国内又有汗位继承之争，所以未能专力攻宋。至一二五八年，各方粗定，宪宗乃大举入蜀。忽必烈已平吐蕃、大理，亦东北上至鄂州（今湖北武昌县）。宋将王坚守合州（今四川合川县），宪宗受伤，死于城下。贾似道督大军援鄂，不敢战，使人求和，许称臣，画江为界。忽必烈亦急图自立，乃许之而北归。贾似道掩其事，以大捷闻于朝。自此蒙古使者来皆拘之，而借和议以图自强，而待敌人之弊的机会遂绝。忽必烈北还后，自立，是为元世祖。世祖在宪宗时，本来是分治漠南的，他手下又多西域人和中国人。于是以一二六四年定都燕京。蒙古的根据地，就移到中国来了。明年，理宗崩，子度宗立。宋将刘整叛降元，劝元人攻襄阳。自一二六八年至一二七三年被围凡五年，宋人不能救，襄阳遂陷。明年，度宗崩，子恭帝立。伯颜自两湖长驱南下。一二七六年，临安不守，谢太后和恭帝都北狩。故相陈宜中立其弟益王于福州（今福建闽侯县），后来转徙，崩于硇州（在今广东吴川县海中）。其弟卫王昺立，迁于崖山（在今广东新会县海中）。一二七九年，汉奸张弘范来攻，宰相陆秀夫负帝赴海殉国。张世杰收兵图再举，到海陵山（在今广东海阳县海中），舟覆而死。宋亡。中国遂整个为北族所征服。

宋朝的灭亡，可以说是我国民族的文化，一时未能急剧转变，以适应于竞争之故。原来游牧民族以掠夺为生产，而其生活又极适宜于战斗，所以其势甚强，文明民族，往往为其所乘，罗马的见轭于蛮族，和中国的见轭于五胡和辽、金、元、清，正是一个道理。两国国力的强弱，不是以其所有的人力物力的多少而定，而是看其能利用于竞争的共有多少而定。旧时的政治组织，是不适宜于动员全民众的。其所恃以和异族抵抗的一部分，或者正是腐化分子的一个集团。试看宋朝南渡以后，军政的腐败，人民的困苦，而一部分士大夫反溺于宴安鸩毒，歌舞湖山可知。虽其一部分分子的腐化，招致了异族的压迫，却又因异族的压迫，而引起了全民族的觉醒，替民族主义，建立了一个深厚的根基，这也是祸福倚伏的道理。北宋时代可以说是中国民族主义的萌蘖时期。南宋一代，则是其逐渐成长的时期。试读当时的主战派，如胡铨等一辈人的议论，至今犹觉其凛凛有生气可知（见《宋史》卷三七四）。固然，只论是非，不论利害，是无济于事的。然而事有一时的成功，有将来的成功。主张正义的议论，一时虽看似迂阔，隔若干年代后，往往收到很大的效果。民族主义的形成，即其一例。论是非是宗旨，论利害是手段。手段固不能不择，却不该因此牺牲了宗旨。历来外敌压迫时，总有一班唱高调的人，议论似属正大，居心实不可问，然不能因此而并没其真。所以自宋至明，一班好发议论的士大夫，也是要分别观之的。

固不该盲从附和，也不该一笔抹杀。其要，在能分别真伪，看谁是有诚意的，谁是唱高调的，这就是大多数国民，在危急存亡之时，所当拭目辨别清楚的了。民族主义，不但在上流社会中植下了根基，在下流社会中，亦立下了一个组织，看后文所述便知。

宋的制度和社会

吕思勉

宋代的制度，都是沿袭唐代的。其取之于民的，共分五项：（一）为公田之赋，（二）为民田之赋，这都是田税。（三）为丁口之赋，是身税。（四）为城郭之赋，是宅税和地税。（五）为杂变之赋，亦谓之沿纳，是唐行两税之后，复于两税之外，折取他物，而后遂变为常赋的。凡此种种，其取之都用两税之法，于夏、秋分两次交纳。宋代病民的，不在于税而在于役。自王安石行青苗法后，元祐复行科差，绍圣再变为雇役。自后差雇两法并行。因欲行签差之法，必须调查人民的资产。其中责令人民自行填报的，谓之“手实”。由官派人查轧的，则谓之“推排”。卖买田产时，将物力簿同时改正的，则谓之“推割”。诸法都难得公平，又难于得实，总是厉民之政。在中国法律上，官和人民交易，亦同人民和人民交易一样，谓之“和”。所以和籴及和买，本应确守私法上的原则。然而其后，都有短给和迟给的，甚或竟不给钱，而所籴所买，遂变为赋税。这亦是厉民之政。

两税以外的赋税，都起于唐中叶以后。因其时藩镇擅土，中央的收入减少，不得不求之于此。宋代养兵太多，遂沿而未改。其中最重要的是盐税。其法起于唐之刘晏。借民制盐，而免其徭役，谓之灶户，亦称亭户。在刘晏时，还是行就场征税之法。一税之后，任其所之。后来渐变为官卖。又或招商承买，则谓之通商。茶法，亦起于唐中叶之后。制茶的人，谓之园户。岁输定额的茶，以代赋税。其余悉数由官收买。官买茶的价钱，都是先给的，谓之“本钱”。于江陵、真州、海州、汉阳军、无为军、蕲州的蕲口，设立榷货务六处。除淮南十三场外，其余的茶，都运到这六榷货务，由官发卖。酒：州郡都置务官酿。县、镇、乡、闾，则听民酿而收其税。坑冶：官办的置监、冶、场、务等机关，民办的，则按一定分数，“中卖”于官。商税，起于唐代的藩镇，而宋因之。州县各置收税的机关，名之为务。税分过税和住税两种。过税取百分之二，住税取百分之三。所税的物品和其税额，各处并不一律。照例都应得榜示出来，然而实际能否一一榜示，榜示之后，能否确实遵守，就很难言之了。这实在也是厉民之政，和清代的厘金无异。宋代还有一种借官卖以省漕运的办法，是为“入边”和“入中”。其法：令商人入刍粟于边，或入现钱及金帛于京师榷货务。官给以钞，令其到指定的地方，支取货物。其初只解池的盐，用此办法，为陕西沿边之备。后来东南茶盐和榷货务的缗钱，都许商人指射，谓之三说。更益以犀、象、香药，则谓之四说。在实物经济时代，运输货物，本是件最困难的事。如此，既省行政上的麻烦，又省转运时的弊窦，本是个好法子。但官吏和商人，通同作弊，把商人所入的刍粟，高抬其价，谓之“虚估”，而官物遂不免虚耗。又且入刍粟的土人，并不会做盐茶等买卖，得钞都是卖给商人或京师的交引铺，他们都要抑勒钞价，实际入刍粟的并无利益，群情遂不踊跃，边备仍不充实。后来乃令商人专以现钱买茶，官亦以现钱买刍粟。于是茶不为边备所需，而通商之议起。通商之议既起，乃停给茶户本钱，但计向者所得的息钱，取之茶户，而听其与商人买卖。到蔡京出来，又变茶法。由官制长引、短引，卖给商人。商人有此引的，即许其向茶户买茶。如此，便只是一种买茶的许可证了。后来淮浙之盐，亦用此法，为后世所沿袭。南渡之后，地方削小，而费用增广。盐茶等利，较北宋都有所增加。又有所谓经总制钱、板帐钱等。系将各种杂税，或某种赋税上增取之数，以及其他不正当的收入，凑起来的。其厉民更甚。

宋代的人民是很为困苦的。因为唐中叶以后，武人擅土，苛税繁兴，又好用其亲信做地方官或税收官吏之故。宋兴，此等苛税，多所捐除，然而仍不能尽。至于豪强兼并，则自天宝以来，本未有抑强扶弱的政令；加以长期的扰乱，自然更为厉害了。所以宋代的平民，其受剥削特甚。当时民间借贷，自春徂秋，出息逾倍。而且各种东西，都可以取去抵债。折算之间，穷人自然格外吃亏了。当时司马光上疏，诉说农民的疾苦，曾有这几句话：

幸而收成，公私之债，交争互夺。谷未离场，帛未下机，已非己有。所食者糠籺而不足，所衣者绨褐而不完。直以世服田亩，不知舍此之外更有何可生之路耳。

可谓哀切极了。王安石所以要推行青苗法，其主意，就是为防止民间的高利贷。然而以官吏办借贷之事，总是无以善其后的。所以其法亦不能行。在宋代，得人民自助之意，可以补助行政的，有两件事：其一是社仓。社仓之法，创于朱子。其以社为范围，俾人民易受其益，而且易于感觉兴味，便于管理监督，和义仓之法同。而在平时可兼营借贷，则又得青苗法之意。其一是义役。义役是南宋时起于处州的松阳县的。因为役事不能分割，所以负担不得平均。乃由众出田谷，以助应役之家。此两法若能推行尽利，确于人民很有益处，而惜乎其都未能。南渡之后，两浙腴田，多落势家之手，收租很重。末年，贾似道当国，乃把贱价强买为官田，即以私租为税额。田主固然破家者众，而私租额重而纳轻，官租额重而纳重，农民的受害更深。南宋亡后，虽其厉民之政，亦成过去。然而江南田租之重，则迄未尝改。明太祖下平江。恶其民为张士诚守，又即以私租为官赋。江南田赋之重，就甲于天下。后来虽屡经减削，直到现在，重于他处，还是倍蓰不止。兼并之为祸，可以谓之烈了。

宋代士大夫的风气，亦和前代不同。宋人是讲究气节的。这固然是晚唐、五代以来，嗜利全躯的一个反动，而亦和其学术有关系。宋朝人的议论，是喜欢彻底的，亦是偏于理论的。所以论事则好为高远之谈，论人则每作诛心之论。这固然也有好处，然而容易失之迂阔，亦容易流于过刻。而好名而激于意气，则又容易流为党争。自辽人强盛以来，而金，而元，相继兴起，宋人迭受外力的压迫，其心理亦易流于偏狭。所以当国事紧急之时，激烈的人，往往发为“只论是非，不论利害”“宁为玉碎，毋为瓦全”的议论。这固然足以表示正义，而且也是民族性应有的表现。然而不察事势，好为高论，有时亦足以偾事。而此等风气既成之后，野心之家，又往往借此以立名，而实置国家之利害于不顾，则其流弊更大。此亦不可以不知。

第七辑
崛起的蒙元

成吉思汗既即汗位，其目光所注，实在中原。于是于一二一〇年，伐夏。夏人降。明年，成吉思汗遂伐金。此时金朝的兵力，业已腐败。加以这一次，汪古与蒙古言和，放其入长城，出其不意。于是金兵四十万，大败于会河堡。

元的勃兴和各汗国的创建

吕思勉

当三世纪之初，有一轩然大波，起于亚洲的东北方，欧、亚两洲，都受其震撼。这是什么事？这便是蒙古的兴起。

蒙古，依中国的记载，是室韦的分部。唐时，其地在望建河南。但其人自称为鞑靼。鞑靼是靺鞨别部，居于阴山。据蒙古人自著的《元朝秘史》看起来，他始祖名孛儿帖赤那，十传而至孛儿只吉歹。孛儿只吉歹的妻，唤作忙豁勒真豁阿。忙豁勒真豁阿，译言蒙古部的美女。我们颇疑心孛儿只吉歹是鞑靼人。因其娶蒙古部女，才和蒙古合并为一。和金朝王室的始祖，以高丽人而为生女真的完颜部人一样。

蒙古部落，自孛儿只吉歹之后，又十一传而至哈不勒，是为成吉思汗的曾祖，始有可汗之号。可以想见其部落的渐强。哈不勒死后，从弟俺巴孩，继为可汗。为金人所杀。部人立哈不勒子忽都剌为可汗。向金人报仇，败其兵。忽都剌死后，蒙古无共主，复衰。成吉思汗早年，备受塔塔儿、蔑儿乞及同族泰亦赤兀诸部的龉龁。后来得客列部长王罕、札答剌部长札木合为与部，乃把诸部次第打平。此时沙漠西北的部落，以乃蛮为最强。而金朝筑长城，自河套斜向东北，直达女真旧地，使汪古部守其冲。乃蛮约汪古部同伐蒙古。汪古部长来告。成吉思汗先举兵伐乃蛮，破之。一二〇六年，漠南北诸部，遂大会于斡难木涟之源，公上成吉思汗的尊号。

成吉思汗既即汗位，其目光所注，实在中原。于是于一二一〇年，伐夏。夏人降。明年，成吉思汗遂伐金。此时金朝的兵力，业已腐败。加以这一次，汪古与蒙古言和，放其入长城，出其不意。于是金兵四十万，大败于会河堡。蒙古兵遂入居庸关，薄燕京。明年，成吉思汗再伐金。留兵围燕京。自将下山东。分兵攻河东和辽西。到处残破，黄河以北，其势就不可守了。此时金人已弑卫绍王，立宣宗。成吉思汗还兵，屯燕城北。金人妻以卫绍王之女请和。蒙古兵已退，金宣宗迁都于汴。成吉思汗说他既和而又迁都，有不信之心。再发兵陷燕京。此时金人的形势，本已岌岌待亡，因成吉思汗有事于西域，乃又得苟延残喘。

成吉思汗的西征，是花剌子模国的骄将所引起的。先是唐中叶以后，大食强盛，葱岭以西诸国，悉为所并。然不及三百年，威权渐替。东方诸酋，多据地自擅，其间朝代的改变甚多。当辽朝灭亡时，雄视西亚的塞而柱克朝已衰，花剌子模渐盛。辽朝的宗室耶律大石，逃到唐朝的北庭都护府，会合十八部王众，选其精锐而西。遂灭塞而柱克，服花剌子模。立国于吹河流域的虎思斡耳朵，是为西辽。乃蛮既亡，其酋长太阳罕的儿子古出鲁克，逃到西辽。和花剌子模王阿拉哀丁·谟罕默德内外合谋，篡西辽王之位。于是乃蛮复立国于西方，而花剌子模亦乘机拓土，成为西方的大国。这时候，雄张于西域的，实在仍是回族。成吉思汗既定漠南北，在天山北路的畏吾儿和其西的哈剌鲁都来降。蒙吉和西域交通的孔道遂开。花剌子模王有兵四十万，都是康里人。王母亦康里部酋之女。将士恃王母而骄恣，王母亦因举国的兵，都是其母族人，其权之大与王埒。所以国虽大而其本不固。成吉思汗既侵入中原，古出鲁克和前此逃往西域的蔑儿乞酋长忽秃，都乘机谋复故地。成吉思汗怕漠北根本之地，或有摇动。乃于一二一六年北还。命速不台打平忽秃，哲别打平古出鲁克。于是蒙古的疆域就和花剌子模直接。成吉思汗因商人以修好于花剌子模，花剌子模王也已应允了。未几，蒙古人四百余，随西域商人西行。花剌子模讹打剌城的镇将，指为蒙古间谍，把他尽数杀掉。其中只有一个人，得逃归报信。成吉思汗闻之，大怒，而西征的兵遂起。

成吉思汗的西征，时在一二一九年。先打破讹打剌和花剌子模的都城寻思干，花剌子模王遁走。成吉思汗命哲别、速不台追击。王辗转逃入里海中的小岛而死。其子札剌哀丁逃到哥疾宁，成吉思汗自将追之。破其兵于印度河边。乃东归。时在一二二二年。哲、速二将的兵，别绕里海，越高喀斯山败阿速、撒耳柯思和钦察的兵。钦察的酋长逃到阿罗思。二将追击。阿罗思人举兵拒敌，战于孩儿桑。阿罗思大败。亡其六王七十侯，兵士死掉十分之九。列城都没有守备，只待蒙古兵到迎降。而二将不复深入，但平康里而还。

成吉思汗东归后，于一二二七年，再伐西夏，未克而殂，遗命秘不发丧。夏人乃降。一二二九年，太宗立，再伐金。金人从南迁后，尽把河北的猛安谋克户，调到河南。又夺人民之地以给之。人民怨入骨髓，而这些猛安谋克户，既不能耕，又不能战，国势益形衰弱。于是宋人乘机，罢其岁币。金人想用兵力胁取，又和夏人因疆场细故失和，三方都开了兵衅。国力愈觉不支。到一二二五年，宣宗殂，哀宗立，才和夏人以兄弟之国成和，而对于宋朝的和议，则叫始终不能成就。当成吉思汗西征时，拜木华黎为太师国王，命其经略太行以南。

这时候，蒙古兵力较薄，在金人，实在是个恢复的好机会。然而金人亦不能振作。仅聚精兵二十万，从邳州到潼关，列成一道防线。太宗因此线不易突破，乃使拖雷假道于宋，宋人不允，拖雷遂强行通过。从汉中历襄、邓而北，与金兵战于三峰山，金兵大败。良将，锐卒都尽。太宗又自白坡渡河，命速不台将汴京围起，攻击十六昼夜，因金人守御坚，不能破，乃退兵议和。而金朝的兵，又逞血气之勇，把蒙古使者杀掉，和议复绝。汴京饥窘不能立。金哀宗乃自将出攻河北的卫州，想从死里求生，又不克，乃南走蔡州。而宋人此时，又袭约金攻辽的故智，和蒙古人联合以攻金，金人遂亡。时在一二三四年。

约元攻金，是袭约金攻辽的故智，而其轻于启衅，亦是后先一辙的。金宣宗死的明年，宋宁宗也死了。宁宗无子，史弥远援立理宗，因此专横弥甚。弥远死后，贾似道又继之。贾似道的为人，看似才气横溢，实则虚浮不实，专好播弄小手段，朝政愈坏。灭金之后，武人赵葵、赵苑等，创议收复三京，宰相郑清之主之。遣兵北侵。入汴、洛而不能守，却因此和蒙古启了兵衅。川、楚、江淮，州郡失陷多处。这时候是蒙古太宗时代，还未专力于攻宋。一二四一年，太宗死了。到一二四六年，定宗才立。又因多病，不过三年而殂。所以此时，宋人还得偷安旦夕。一二五一年，蒙古宪宗立。命弟阿里不哥留守漠北，忽必烈专制漠南。一二五八年，宪宗大举入蜀，围合州。先是忽必烈总兵自河洮入吐蕃，平大理。留兀良合台经略南方而北还。及是，忽必烈亦自河南南下，围鄂州。兀良合台又出广西、湖南，和他会合。贾似道督兵援鄂，不敢战，遣使于忽必烈，约称臣，输岁币，划江为界以请和。适会蒙古宪宗死于合州城下，忽必烈急于要争夺汗位，乃许宋议和而还。贾似道却讳其和议，以大捷闻于朝。

明年，忽必烈自立，是为元世祖。时世祖以各方面多故，颇想与宋言和，而贾似道因讳和为胜之故，凡元使来的，都把他拘囚起来。一二六四年，元世祖迁都于燕。明年，理宗崩，度宗立。此时元人尚未能专力攻宋，而宋将刘整，因与贾似道不合，叛降元，劝元人专力攻襄阳。一二六八年，元人就把襄阳围起。围经六年，宋人竟不能救。一二七三年，襄阳陷落，宋势遂危如累卵。一二七四年，理宗崩，恭帝立。年幼，太后谢氏临朝。元使伯颜总诸军入寇。伯颜分兵平两湖。自将大军，长驱东下。陷建康。一二七六年，临安陷。太后及恭帝皆北狩。宋故相陈宜中等立益王于福州。旋为元兵所逼，走惠州。后崩于（石冈）洲。宋人又立其弟卫王，迁于厓山。一二七九年，元将张宏范来攻。宋宰相陆秀夫，负帝赴海而死。大将张世杰收兵到海陵山，亦舟覆而死。中国至此，遂整个为蒙古所征服。汉族武力之不竞，至此可谓达于极点了。

蒙古不但征服中国，当太宗时，又尝继续遣兵西征。再破钦察，入阿罗思。遂进规孛烈儿和马札剌。入帕特斯城。西抵威尼斯。欧洲全境震动，会太宗凶问至，乃班师。宪宗时，又遣兵下木剌夷，平报达。渡海收富浪岛。当金末，辽东和高丽之间，叛乱蜂起。蒙古因遣兵平定，和高丽的兵相遇，约为兄弟之国。后来蒙古使者，为盗所杀，蒙人疑为高丽人所为，两国遂起兵衅。直至一二五九年，和议才成。高丽内政，自此常受元人的干涉。甚至废其国王而立征东行省于其地。对于南方，则兀良合台尝用兵于安南。其后世祖时，又尝用兵于安南、占城及缅，都不甚利。然诸国亦都通朝贡。对于南洋，曾一用兵于爪哇，其余招致而来的国亦颇多。唯用兵于日本，最为不利。世祖先命高丽人往招日本，后又自遣使往招，日本都不应。一二七四年，遣忻都往征，拔对马，陷壹岐，掠肥前沿海。以飓风起而还。一二八一年，再遣忻都、范文虎率兵二十万东征。兵至鹰岛，以“飓征”见，文虎等择坚舰先走。余众遂多为日人所杀。世祖大怒，更谋再举，以正用兵安南，遂未果。以当日蒙古的兵力，实足以踏平日本而有余，乃因隔海之故，致遭挫衄，在日本，亦可谓之遭直天幸了。

综观蒙古用兵，唯对于东南两方，小有不利，其余则可谓所向无前。这也是遭际时会，适逢其时各方面都无强国之故。蒙古是行封建之制的，而成吉思汗四子，分地尤大。因为蒙人有幼子袭产的习惯，所以把和林旧业，分与第四子拖雷。此外长子术赤，则分得花剌子模、康里、钦察之地。三子窝阔台，即太宗，则分得乃蛮故地。二子察合台，则分得西辽故地。其后西域直到宪宗之世，才全行戡定。其定西北诸部，功出于术赤之子拔都，而定西南诸部，则功出于拖雷之子旭烈兀。所以术赤分地，拔都之后，为其共主。伊兰高原，则旭烈兀之后君临之。西史所谓窝阔台汗国，就是太宗之后。察合台汗国，是察合台之后。钦察汗国，是拔都之后。伊儿汗国，是旭烈兀之后。总而言之，世祖灭宋之日，就是元朝最盛之时。然而其分裂，也就于此时开始了。

元的制度

吕思勉

凡异族入居中国的，其制度，可以分作两方面来看：其一，他自己本无所有，即使略有其固有的习惯，入中国以后，亦已不可复用，乃不得不改而从我。在这一点上，异族到中国来做皇帝，和中国人自己做差不多，只不过将前代的制度，作为蓝本，略加修改罢了。又其一，则彼既系异族，对于中国人，总不能无猜防之心。所以其所定的制度，和中国人自己所定的，多少总有些两样。元朝的制度，便该用这种眼光来看。

元朝中央的官制，是以中书省为相职，枢密院主兵谋，御史台司监察，而庶政则分寄之于六部的。这可说大体是沿袭宋朝。至于以宣政院列于中央，而管理吐蕃，则因元朝人迷信喇嘛教之故，这也不足为怪。其最特别的，乃系于路、府、州、县之上，更设行省。在历代，行省总是有事时设置，事定则废的。独至元朝而成为常设之官。这即是异族入居中国，不求行政的绵密，但求便于统驭镇压的缘故。这本不是行政区域，明朝乃废其制而仍其区域，至清代，督抚又成为常设之官，就不免政治日荒，而且酿成外重之弊了。元代定制，各机关的长官，都要用蒙古人的。汉人、南人，只好做副贰，而且实际见用的还很少。这也是极不平等之制。

学校，元朝就制度上看，是很为注重的。虽在当时未必实行，却可称为明朝制度的蓝本。我国历代，学校之制，都重于中央而轻于地方。元制，除京师有普通的国子学和蒙古国子学等外，一二九一年，世祖诏诸路、府、州、县都立学。其儒先过化之地，名贤经行之所和好事之家，出钱粟以赡学的，都许立为书院。各行省所在之地，都设儒学提举司，以管理诸路、府、州、县的学校。江浙、湖广、江西三省，又有蒙古提举学校官。其制度，总可算得详备了。

其科举，则直到一三一五年才举行。那已是灭金之后八十一年，灭宋之后三十七年了。其制：分蒙古、色目和汉人、南人为二榜。第一场：汉人南人试经疑、经义，蒙古色目人则但试经问。第二场：蒙古、色目人试策，汉人、南人试古赋诏诰章表内科一道。第三场：汉人、南人试策，蒙古色目人则不试。案宋自王安石改科举之制后，哲宗立，复行旧制。然士人已有习于经义，不能作诗赋的，后来乃分经义、诗赋为两科。金朝在北方开科举，亦是如此。至此则复合为一。此亦明制所本。而其出身，则蒙古人最高，色目人和汉人南人，要递降一级，这也是不平等的。

其猜防最甚的为兵制。元朝的兵，出于本族的，谓之蒙古军。出于诸部族的，谓之探马赤军。入中原后，发中国人为兵，谓之汉军。平宋所得，谓之新附军。蒙古和诸部族，是人尽为兵的。男子年十五以上，七十以下，都入兵籍。调用汉人之法：其初或以户论，或以丁论，或以贫富论。天下既定之后，则另立兵籍，向来当过兵的人都入之。其镇戍之法：边徼襟喉之地，命宗王带兵驻扎。河洛、山东，戍以蒙古军和探马赤军。江淮以南，则戍以汉兵和新附军。都是世祖和其一二大臣所定。元朝的兵籍，是不许汉人阅看的。在枢密院中，亦只有长官一二人知道。所以有国百年，而汉人无知其兵数者，其民族的色彩，可谓很显著了。

法律亦很不平等。案辽当太祖时，治契丹及诸夷，均用旧法，汉人则断以律令。太宗时，治渤海亦依汉法。到道宗时，才说国法不可异施，命更定律令，把不合的别存之，则辽已去亡不远了。金朝到太宗时，才参用辽宋旧法。熙宗再取河南，才一依律文。这都是各适其俗的意思。元朝则本族人和汉人，宗教徒和非宗教徒，都显分畛域。如蒙古人杀死汉人，不过“断罚出征”和“全征烧埋银”。又如“僧、道、儒人有争，止令三家所掌会问”，“僧人唯犯奸盗诈伪，至伤人命，及诸重罪，有司归问。其僧侣相争，则田土与有司会问”等都是。

赋税，行于内地的，分丁税及地税，仿唐的租庸调法。行于江南的，分夏税及秋税，仿唐朝的两税法。役法称为科差。有丝料和包银之分。丝料之中，又有二户丝、五户丝之别。二户丝输官，五户丝则输于本位。包银之法：汉人纳银四两。二两输银，二两折收丝绢颜色。此外又有俸钞一项。把诸项合起来，作一大门摊，分为三次征收。赋役而外，仍以盐、茶两税为大宗。其行盐各有郡邑，是为“引地”之始。此外总称为额外课。就是征收随其多少，不立定额的意思，其名目颇为琐碎。

宋、金、元、明四代，有一厉民之政，便是钞法。钞法是起于北宋时的。因宋于四川区域之内，行使铁钱，人民苦于运输的不便，乃自造一种纸币，名为交子。一交一缗。三年一换，谓之一界。以富人十六户主之。后来富人穷了，付不出钱来，渐起争讼。真宗时，转运使薛田，才请改为官办。这本是便民的意思。然而后来，官方遂借以筹款，而推行于他处。蔡京时谓之钱引。南宋则始称交子，末造又造会子。成为国家所发行的纸币了。交会本当兑换现钱的，然而后来，往往不能兑换，于是其价日跌。大约每一缗只值二三百文。然而这还算好的。金朝亦行其法于北方，名之为钞，则其末造，一文不值，至于以八十四车充军赏。金朝的行钞，原因现钱缺乏，不得不然。后来屡谋铸钱。然而所铸无多，即铸出来，亦为纸币所驱逐。所以元定天下之后，仍不得不行钞。乃定以钞与丝及金、银相权。丝、金、银是三种东西，岂能一律维持其比价？这本是不通的法子。况且后来所造日多，其价日落，就连对于一物的比价，也维持不住了。至于末年，则其一文不值，亦与金代相同。明有天下，明知其弊，然因没有现钱，仍无法不用钞。而行用未几，其价大落。至宣宗宣德初——一四二六——明朝开国不满六十年，已跌得一贯只值一两文了。于是无可如何，大增税额；又创设许多新税目，把钞都收回，一把火烧掉。从此以后，钞就废而不用了。当金朝末年，民间交易，已大多数用银。至此，国家亦承认了它。一切收入及支出，都银钱并用。银亦遂成为正式的货币。然而量物价的尺，是不能有二的。银铜并用，而不于其间定出一个主辅的关系来，就成为后来币制紊乱的根源了。

元帝国的瓦解

吕思勉

元朝从太祖称汗，到世祖灭宋，其间不过七十四年，而造成一个空前的大帝国，其兴起可谓骤了。然而其大帝国的瓦解，实起于世祖自立之时。上距太祖称汗之岁，不过五十五年。而其在中国政府颠覆，时在一三六八年，上距太祖称汗之岁，亦不过一百七十一年；其距世祖灭宋，则不过九十年而已。为什么瓦解得这么快？

原来元朝人既不懂得治中国之法，而其自身又有弱点。蒙古人的汗，本系由部众公推的。忽图剌之立，便系如此。太祖之称成吉思汗，则是汉南北诸部的大汗，亦系由诸部公推。

太祖以后，虽然奇渥温氏一族，声势煊赫，推举大汗，断无舍太祖之后而他求之理。然而公举之法，总是不能遽废的。所以每当立君之际，必须开一“忽烈而台”。宗王、驸马和诸管兵的官，都得与议。太宗之立，因有成吉思汗的遗言，所以未有异议。太宗死后，太宗的后人和拖雷的后人，已有竞争。定宗幸而得立。又因多病，三年而死。这竞争便更激烈起来。太宗后人，多不惬众望；而拖雷之妃，很有交际的手腕，能和宗王中最有声望的拔都相结。宪宗遂获登大位。太宗之孙失烈门等谋叛，为宪宗所杀。并杀太宗用事大臣，夺太宗后王兵柄。蒙古本族的裂痕，实起于此。宪宗死后，世祖手下汉人和西域人多了，就竟不待忽烈而台的推戴，自立于现在的多伦。于是阿里不哥亦自立于漠北。拖雷后人之中，又起了纷争。后来阿里不哥总算给世祖打败。而太宗之孙之海都，复自擅于远。察合台、钦察两汗国都附和他。蒙古大帝国，遂成瓦解之势。

因海都的抗命，于是常须派亲王宿将镇守和林。世祖是用汉法立太子的，而又早死。其时成宗戍守北边。世祖死后，伯颜以宿将重臣归附成宗，所以未曾有乱。成宗既立，武宗继防北边。成宗死后，皇后伯岳吾氏，要立安西王阿难答。而右丞相哈剌哈孙，要立武宗。因为武宗在远，先使人迎其弟仁宗于怀州，监国以待。武宗既至，杀安西王，弑伯岳吾后而自立。武宗以仁宗为太子。武宗死后，仁宗继之。却自立其子英宗为太子，而出武宗之子明宗于云南。其臣奉之奔阿尔泰山，依察合台后王。仁宗死，英宗立。为奸臣铁木迭儿所弑。无子。泰定帝立。死于上都。子天顺帝立。签密院燕帖木儿，迫胁大都百官，迎立武宗之子。于是抄袭武宗的老文章，一面先使人迎文宗于江陵，先即皇位。发兵陷上都。天顺帝不知所终。明宗至漠南，即位。文宗和燕帖木儿入见，明宗暴死。文宗再即位。然而心不自安。遗命必立明宗之子。文宗死后，燕帖木儿要立其子燕帖古思。文宗皇后翁吉剌氏不肯。于是先迎立宁宗。数月而死。燕帖木儿又要立燕帖古思。翁吉剌氏仍不肯。乃再迎顺帝。顺帝既至，燕帖木儿不让他即位。迁延数月，恰好燕帖木儿死了，顺帝乃得立。既立之后，追治明宗暴死故事。毁文宗庙主。流翁吉剌氏和燕帖古思于高丽，都死在路上。

如此，每当继承之际，必有争乱，奸臣因之擅政，政治自然不会清明的。况且蒙古人本也不知道治中国之法。他无非想朘削中国人以自利。试看他户、工二部，设官最多，便可见其一斑。其用人，则宿卫勋臣之家，以及君主的嬖幸、诸王公主的私属，都得以平流而进。真是所谓“仕进有多途，铨衡无定法”。再加以散居各处的蒙古、色目人对于汉人的凌侮，喇嘛教僧侣的骚扰，自然弄得不成个世界了。

（一）太祖
- 术赤
- 察合台
- （二）太宗
  - （三）定宗
  - ——失烈门
  - ——海都
- 拖雷
  - （四）宪宗
  - （五）世祖
  - 阿里不哥

（五）世祖
- 太子真金
  - （十）泰定帝（十一）天顺帝
  - ——
    - （七）武宗
      - （十二）明宗
        - （十四）宁宗
        - （十五）顺帝
      - （十三）文宗——燕帖古思
    - （八）仁宗——（九）英宗
  - （六）成宗
- ——安西王阿难答

元代之主，唯世祖最为聪明，颇能登用人才，改定制度，然亦好用言利之臣。后来则唯仁宗以李孟为相，政治稍见清明。此外大都仍是游牧部落酋长的性质，全不了解中国文化的——元代诸主，大都不认得汉字的——而又都运祚短促。在位长久的，世祖而外，唯有顺帝，而其荒淫又特甚。客帝的宝位，自然要坐不住了。

元朝当世祖时，江南还屡有叛乱，后来才逐渐镇定。顺帝初年，反者屡起。然尚未为大患。至一三四八年，方国珍起兵于台州，元朝就不能戡定。于是白莲教徒刘福通，起兵安丰，奉教主之子韩林儿为主。李二起于徐州。徐寿辉起于湖北。郭子兴起于濠州。张士诚起于高邮。长江流域，几乎非元所有。

顺帝既荒淫无度，其臣脱脱、太平、韩嘉纳等，因而结党相争。嬖臣哈麻、雪雪，初和脱脱相结，后又变而互排。南方乱起，脱脱的兄弟也先铁木儿带兵去征讨，连年无功，反大溃于沙河，军资器械，丧失殆尽。脱脱不得已，自出督师。已把李二打平，进围张士诚。而二人把他排掉。于是大局愈坏。革命军之中，气势最盛的，要算刘福通。居然于一三五八年，分兵三道北上。自挟韩林儿陷开封。但元朝的兵虽无用，而其时，有起兵河南，护卫元朝的察罕帖木儿和李思齐，则颇有能力。刘福通攻陕西的兵，给他打败。回兵再救山东。刘福通的将，遣人把察罕刺死。其子库库帖木儿，代将其军，到底把山东也打平。刘福通还有一支兵，北出晋冀的，虽然打破上都，直攻到辽东，也终于破散了。福通在开封站不住，只得走回安丰。革命军的势力又一挫。然而驻扎大同的孛罗帖木儿，先已因图据冀宁之故，和察罕相攻。至此，仍与库库构兵不止。顺帝次后奇氏，生太子爱猷识里达腊。后及太子，都阴谋内禅。哈麻、雪雪，亦与其谋。事发，二人都杖死。然宰相搠思监，仍系因谄事奇后的阉人朴不花而得的。搠思监和御史大夫老的沙不协，因太子言于顺帝，免其职。老的沙奔大同。搠思监遂诬孛罗谋反。孛罗举兵犯阙。杀搠思监和朴不花。太子奔库库。库库奉以还京。此时孛罗已给顺帝遣人刺死。而奇后又要使库库以兵力胁顺帝内禅。库库不可。顺帝封库库为河南王。命其总统诸军，进平南方。李思齐自以和察罕同起兵，耻受库库节制，和陕西参政张良弼联兵攻库库。库库之将貊高、关保，亦叛库库。于是下诏削库库官爵，命太子总统天下兵马讨之。未几，明兵北上，又复库库官爵，叫他出兵抵抗，然而已来不及了。

明太祖朱元璋，初从郭子兴起兵。后自为一军，渡江，取集庆。时徐寿辉为其将陈友谅所杀，据江西、湖北，形势最强。而张士诚徙治平江，亦在肘腋之下。太祖先后把他打定。又降方国珍。一三六八年，乘北方的扰乱，命徐达、常遇春分道北伐。达自河南，遇春自山东，两道并进。会于德州。北扼直沽。顺帝遂弃大都而去。于是命徐达下太原，乘胜定秦陇。库库逃奔和林。顺帝匿居上都，太祖命常遇春追击。顺帝又逃到应昌。未几而死。太祖再命李文忠出击。爱猷识里达腊逃奔和林，未几亦死。子脱古思帖木儿袭。时元臣纳哈出，尚据辽东。一三八七年，太祖命蓝玉等把他讨平。乘胜袭破脱古思帖木儿于捕鲁儿海。脱古思帖木儿北走，为其下所弑。

其后五传都遇弑。蒙古大汗的统绪，就此中绝了。元朝分封诸王，大都不能自振。唯梁王把匝剌瓦尔密，据云南不降。太祖当出兵北伐之时，即已分兵平定闽、广。徐寿辉死后，其将明玉珍，据四川自立，传子升，亦为太祖打平。一三八一年，又遣兵平云南。南方亦都平定。

第八辑
细说明史

明太祖定制，内侍本不许读书。成祖起兵，颇得阉人内应之力。即位后，就选官入内教习。又设京营提督，使之监军。又命随诸将出镇。并有奉使外国的。

明初的政局

吕思勉

明朝虽然驱逐胡元，把中国恢复过来，然而论其一代的政治，清明的时候，却是很少的。这个推原其始，亦可说是由于太祖诒谋之不臧。

太祖初定天下，即下诏禁止胡服胡语，把腥膻之俗扫除。所定制度，亦颇详备。边防的规模，亦是很远的。然而专制的气焰太盛，私天下之心又太重。只要看其废除宰相，加重御史之权，及其所定的兵制，就可知道了。而其贻害尤巨的，则为封建之制。

太祖定都金陵，称为应天府。以开封为北京。又择名城大都，分封诸子，共计二十五人。虽定制不许干预政治，然而体制崇隆，又各设有卫兵，在地方政治上，总觉得不便。而燕王棣在北平，晋王㭎在太原，均得节制诸将，威权尤重。太祖太子早死，立建文帝为太孙。太祖崩，建文帝立。用齐泰、黄子澄之谋，以法绳诸王。燕王就举兵反。太祖时，功臣宿将，杀戮殆尽。这时候，更无能够抵御的人。燕兵遂陷京城。建文帝不知所终。燕王即位，是为成祖。改北平为北京，于一四二一年迁都。

成祖是个暴虐的人，当其破南京时，于建文诸臣，杀戮甚惨。后来想迁都北京，营建宫室，又极扰累。在位时，北征鞑靼、瓦剌，南平安南，又遣郑和下南洋，武功亦似乎很盛的。然而太祖时所定北边的防线，到成祖时，规模反缩小了。原来明初北边的第一道防线，是开平卫。这就是元朝的上都。据此，则可以俯临漠南，宣、大都晏然无事了。后来元朝的大宁路来降，又设泰宁、朵颜、福余三卫。其地直抵今吉林境。都隶北平行都司。使宁王权居大宁以节制之。明朝这时候，东北方的防线，实在超越辽河，而达到现在的松花江流域。所以对于女真人，威力所至，亦极远。一四〇九年所设的奴儿干都司，远至黑龙江口，库页岛亦来臣服。成祖起兵，怕宁王议其后，诱而执之，而徙北平行都司于保定。把三卫地方，给了兀良哈。开平卫的形势就孤了。一四二四年，成祖崩，仁宗立。在位仅一年。宣宗继立。就徙开平卫于独石。于是宣、大的形势赤露，而兀良哈为瓦剌所胁服，其势愈张。遂有土木之变。

明太祖定制，内侍本不许读书。成祖起兵，颇得阉人内应之力。即位后，就选官入内教习。又设京营提督，使之监军。又命随诸将出镇。并有奉使外国的。当太祖时，以锦衣卫治诏狱，本已轶出正式司法机关之外。成祖又立东厂。以司侦缉，亦命宦官主其事。于是自平民以至官吏，无不在宦官伺察之中。终明之世，毒害所及，真乃不知凡几。宣宗崩后，英宗即位。年幼，宠信司礼太监王振。此时瓦剌强盛，王振不度德、不量力，轻与挑衅。瓦剌酋长也先入寇，王振又劝帝亲征。至大同，知不敌，急班师。又因振家在蔚州，想邀英宗临幸，定计走紫荆关，后来又变计走居庸关。回旋之间，遂为敌兵迫及于土木堡。英宗北狩。振死于乱军之中。警报达京师，议论蜂起。侍讲徐有贞等主张迁都。侍郎于谦则主张坚守。到底于谦一派战胜了。于是以太后之命，奉英宗的兄弟郕王监国。旋即位，是为景帝。尊英宗为太上皇。也先挟太上皇，自紫荆关入攻京城。于谦督总兵石亨等力战，总算把他击退。谦乃整顿边备，以重兵守大同、宣府。也先屡入寇，总不得志，乃奉太上皇还。

这是明人一天之喜。君主被掳，仍能安稳归来，和西晋、北宋，可谓大不相同了。然而政变即因此而起。徐有贞因于谦有功，自觉惭愧。石亨亦因恃功骄恣，为谦所裁抑，内怀怨望。乃和太监曹吉祥等结托，乘景帝卧病，以兵闯入宫中，迎接太上皇复位。是为“夺门”之变。于谦被杀。有贞旋为石亨所排挤，贬死。亨又以谋反伏诛。英宗复辟之后，亦无善政。死后，宪宗立。宠任太监汪直。于东厂之外，别立西厂，使直主其事。宪宗崩，孝宗立。任用刘健、谢迁、李东阳等，政治总算清明。宪宗之后，武宗继之。则其荒淫，又较前此诸君为甚。初宠东宫旧竖刘瑾，日事游戏。别立内厂，使瑾主其事，并东西厂亦在监察之中。武宗坐朝，有人投匿名书于路旁，数瑾罪恶。瑾便矫诏，诏百官三百余人，跪在午门外，加以诘责。至于半日之久，然后把他送入狱中。其专横如此，朝臣自然无从举发他的罪恶了。后来安化王寘，反于宁夏。都御史杨一清，前往征讨，把他打平。凯旋之日，杨一清劝监军太监张永，举发刘瑾罪恶。武宗才算省悟，把他除掉。又有个大同游击江彬，交结内监家奴，以蹴鞠侍帝。导帝出游宣、大、延、绥等处。于是人心惶惶。宁王宸濠，又因此反于南昌。幸得南赣巡抚王守仁，起兵蹑其后，总算一战而平。武宗却又借亲征为名，出游江南而还。此时畿南、山东，盗贼横行，连年不得平定。其不至于土崩瓦解，只算侥幸罢了。一五二一年，武宗崩。无子，世宗入继大统。世宗颇知学问，性质亦近于严厉。驾驭宦官颇严。明自中叶以后，宦官的敛迹，无过于世宗时的。然严而不明。中年以后，又溺于神仙，不问政事。严嵩因之，盗窃朝权，一味蒙蔽。内政既坏，外患又深。明朝遂几成不可收拾之局了。

郑和下西洋

吴晗

首先说明西洋是指什么地方。明朝时候把现在的南洋地区统称为东洋和西洋。西洋指的是现在的印度半岛、马来半岛、印度尼西亚、婆罗洲等地区；东洋指的菲律宾、日本等地区。在元朝以前已经有了东、西洋之分，为什么有这样的分法呢？因为当时在海上航行要靠针路（指南针），针路分东洋指针和西洋指针，因此在地理名词上就有“东洋”和“西洋”。郑和下西洋指的是什么地方呢？主要是指现在的南洋群岛。

中国人到南洋去的历史很早，并不是从郑和开始的。远在公元以前，秦朝的政治力量已经达到现在的越南地区。到了汉武帝的时候，现在的南洋群岛许多地区已经同汉朝有很多往来。这种往来分两类：一类是官方的，即政府派遣的商船队；一类是民间的商人。可是像郑和这样由国家派遣的船队，一次出去几万人、几十条大船（这些船是当时世界上最大的船，也就是当时世界上最大的海军），不但到了现在南洋群岛的主要国家，而且一直到了非洲。其规模之大，人数之多，范围之广，那是历史上前所未有的，就是明朝以后也没有。这样大规模的航海，在当时世界历史上也没有过。郑和下西洋比哥伦布发现新大陆早八十七年，比迪亚士发现好望角早八十三年，比达·伽马发现新航路早九十三年，比麦哲伦到达菲律宾早一百一十六年。比世界上所有著名的航海家的航海活动都早。可以说郑和是历史上最早的、最伟大的、最有成绩的航海家。

问题是为什么在十五世纪的前期中国能派出这样大规模的航海舰队，而不是别的时候？这个问题历史记载上有一种说法，说郑和下西洋仅仅是为了寻找建文帝的下落。这种说法是不正确的。上次我们讲到，明成祖从北京打到南京，夺取了他的侄子建文帝的帝位。建文帝是明太祖的孙子，他做了皇帝以后，听信了齐泰、黄子澄等人的意见，要把他的一些叔叔——明太祖封的亲王的力量消灭掉，以加强中央集权。他解除了一些亲王的军事权力，有的被关起来，有的被废为庶人。于是燕王便起兵反抗，打了几年，最后打到南京。历史记载说燕王军队打到南京后，“宫中火起，帝不知所终”。“帝不知所终”这句话是经过了认真研究的，因为当时宫里起了火，把宫里的人都烧死了，烧死的尸首分不清到底是谁。于是就发生了一个建文帝到底死了没有的疑案。假如没有死，他跑出去了的话，那么，他就有可能重新组织军队来推翻明成祖的统治。从当时全国的形势来看是存在这个问题的。因为建文帝是继承他祖父明太祖的，全国各个地方都服从他的指挥。明成祖虽然在军事上取得了胜利，但是并没有把建文帝的整个军事力量摧毁，他的军事力量只是在今天从北京到南京的铁路沿线上，其他地方还是建文帝原来的势力范围。因此明成祖就得考虑建文帝到底还在不在？如果是逃出去了，又逃到了什么地方？他得想办法把建文帝逮住。于是他派了礼部尚书（相当于现在的内务部长）胡濙，名义上是到全国各地去找神仙（当时传说有一个神仙叫张三丰），实际上是去寻找建文帝。前后找了二三十年。《明史·胡濙传》说胡濙每次找了回来都向明成祖报告。最后一次向皇帝报告时，成祖正在军中，胡濙讲的什么别人都听不到，只见他讲了以后明成祖很高兴。历史学家们认为，最后这一次报告，可能是说建文帝已经死了。另外，明成祖又怕建文帝不在国内，跑到国外去了。所以他在派郑和下西洋的时候，要郑和在国外也留心这件事。这是可能的，但这不是郑和下西洋的主要目的。郑和下西洋主要是由于经济上的原因。

这里插一个问题，讲讲明成祖和建文帝之间的斗争说明什么问题。明成祖以后的各代对建文帝的下落一事也非常重视。万历皇帝就曾经同他的老师谈起这个问题，问建文帝到底到哪里去了，为什么经过一百多年还搞不清楚。当时出现了很多有关建文帝的书，这些书讲建文帝是怎么逃出南京的，经过些什么地方，逃到了什么地方。有的书说他到了云南，当了和尚，跟他一起逃走的那些人也都当了和尚。诸如此类的传说越来越多。此外，记载建文帝事迹的书也越来越多。这说明什么问题呢？说明一个政治问题。建文帝在位期间，改变了他祖父明太祖的一些做法。他认为明太祖所定下来的一些制度，现在经过了几十年，应该改变。当时建文帝周围的一些人都是些儒生，缺乏实际斗争经验，他们自己出的一些办法也并不高明。尽管如此，建文帝的这种举动还是得到了不少人的支持。但是明成祖起兵反对他。在明成祖看来，明太祖所规定的一切制度都是尽善尽美的。他不容许建文帝改变祖先的东西。因此，明成祖和建文帝之间的斗争就是保持还是改变明太祖所定的旧制度的斗争。在这个斗争中建文帝失败了。明成祖做了皇帝以后，把建文帝改变了的一些东西又全部恢复过来。一直到明朝灭亡，两百多年都没有变动。

在这种情况下，有不少的知识分子对明成祖的政治感到不满，不满意他的统治。他们通过什么方式来表达这种不满呢？公开反对不行，于是通过对建文帝的怀念来表达。他们肯定建文帝，赞扬建文帝，实际上就是反对明成祖。因此，关于建文帝的传说就越来越多了。现在我们到四川、云南这些地方旅行，到处可以发现所谓建文帝的遗址。这里有一个庙说是建文帝住过的；那里有一个寺院，里头有几棵树，说是建文帝栽的。有没有这样的事情呢？没有。明末清初有个文人叫钱谦益（这个人政治上很糟糕）写了文章专门研究这个问题。当时许多书上都说：当南京被燕兵包围时，城门打不开，建文帝便剃了头发，跟着几个随从的人从下水道的水门跑出去了。钱谦益说这靠不住，南京下水道的水门根本不能通出城去。他当时做南京礼部尚书，对宫殿里的情况是很熟悉的。此外，还有很多不合事实的传说，他都逐条驳斥了。最后他作了这样的解释：假如建文帝真的跑出去了，当时明成祖所统治的地区只是从北京到南京的交通线附近，只要建文帝一号召，全国各地都会响应他，他还可以继续进行斗争。但结果没有这样。这就可以得出一个结论：建文帝是死在宫里了。但当时不能肯定，万一他跑了怎么办？所以就派人去找。我认为这样解释比较说得通。

现在我们继续讲郑和下西洋的问题。如果说郑和下西洋的主要目的是找建文帝，那是不合事实的；但也不能说完全没有这方面的动机。因为当时的怀疑不能解决，通过他出去访问，让他注意这个问题是可能的。那么，郑和下西洋的主要目的到底是什么呢？这就是上次所说的，是国内经济发展的必然结果。经过一三四八年到一三六八年二十年的战争，经济上受到了很大的破坏。但是经过洪武时期采取的恢复生产、发展生产的措施以后，人口增加了，耕地面积扩大了，粮食、棉花、油料的产量都提高了，人民的生活有了改善，政府的财政税收比以前多了。随之而来，对国外物资的需要也增加了。这种对国外物资需要的增加主要在两个方面：一方面是人民日常生活所需要的物资，主要是香料、染料。香料主要是用在饮食方面作调料，就是把菜做得更好一些，或者使某种菜能收藏得更久。像胡椒就是人民所需要的东西。胡椒从哪里来呢？是从印度来的，一直到现在还是如此。还有其他许多香料也大多是从南洋各岛来的。在南洋有个香料岛，专门出产香料。另一种是染料，为什么对染料的需要这样迫切呢？明朝以前，我们的祖先常用的染料都是草木染料，譬如蓝色是草蓝；或者是矿物染料。这样的染料一方面价钱贵，另一方面又容易褪色。进口染料就可以解决这些问题。朝鲜族喜欢穿白衣服，我们国内有些人也喜欢穿白衣服，为什么？原因很简单，因为买不起染料。封建社会里，皇帝穿黄衣服，最高级的官穿红衣服，再下一级的官穿紫衣服、穿蓝衣服，最下等的穿绿衣服。

为什么用衣服的颜色来区别呢？也很简单，染料贵。老百姓买不起染料，只好穿白衣服。所以古人说“白衣”“白丁”，指的是平民。这些封建礼节都是由物质基础决定的。因此就有向国外去寻找染料的要求。这一类，是人民的日常生活所需要的。另外一类是毫无意义的消费品，主要是珠宝。这是专门供贵族社会特别是宫廷里享受的。有一种宝石叫“猫儿眼”，还有一种叫“祖母绿”，过去谁也不知道是什么样子，只知道是宝石。最近我们在万历皇帝的定陵里发现了这两种东西。这些东西都是从外国买来的。除了珠宝以外，还有一些珍禽异兽。当时的人把一种兽叫作麒麟，实际上就是动物园里的长颈鹿。与对外物资需要增加的同时，由于国内经济的发展，一些可供出口的物资，如绸缎、瓷器（主要是江西瓷，其他地区也有一些）、铁器（主要生产工具）的产量也增加了。

除了经济上的条件以外，还有一个很重要的条件，就是当时中国对外的航海通商已有悠久的历史。从秦朝开始，经过唐朝、南宋到元朝，在这个漫长的时期内，政府的商船队、私人的商船队不断出去。有些私人商船队发了财。到了明朝，由于长期的积累，已经具备了丰富的航海知识和有经验的航海人员。有了这些条件，就出现了从明成祖永乐三年（1405）到他的孙子明宣宗宣德八年（1433）近三十年之间以郑和为首的七次下西洋的事迹。

郑和出去坐的船叫作“宝船”，政府专门设立了制造宝船的机构。这种船有多大呢？大船长四十丈，宽十八丈；中船长三十七丈，宽十五丈。当时在全世界再没有比这更大的船了。一条船可以载多少人呢？根据第一次派出的人数来计算，平均每条船可以坐四百五十人。每次出去多少人呢？有人数最多的军队，此外还有水手、翻译、会计、修船工人、医生等，平均每次出去两万七八千人。这样的规模是了不起的，后来的哥伦布、麦哲伦航海每次不过三四只船，百把人，是不能和这相比的。谁来带领这么多人的航海队呢？明朝政府选择了郑和。因为郑和很勇敢，很有能力。同时，当时南洋的许多国家都是信奉回教的，而郑和也是个回教徒（但他同时也信仰佛教），他的祖父和父亲都曾经朝拜过麦加。回教徒一生最大的愿望就是到麦加去磕一个头，凡是去过麦加的人就称为哈只。选派这样的回教徒到信奉回教的地方去就可以减少隔阂，好办事。在郑和带去的翻译里面也有一些人是回教徒，这些人后来写了一些书，把当时访问的一些国家的情况记载下来了。这些书有的流传到现在。有人问：郑和是云南人，他怎么成了明成祖部下的大官呢？这很简单，洪武十四年（1381）的时候，明太祖派兵打云南，把元朝在云南的残余势力打败了，取得了云南。在战争中俘虏了一些人，郑和就是在这次战争中被俘虏的。他当时还是一个小孩，后来让他做太监，分给了明成祖。他跟明成祖出去打仗时，表现很勇敢，取得了明成祖的信任。因此明成祖让他担负了到南洋各国去访问的任务。

他们第一次出去坐了六十二艘大船，带了很多军队。这里发生了这样的问题：他们既然是到外国去通商、去访问，为什么要带这么多军队？这是因为当时从中国去南洋群岛的航线上有海盗，这些海盗不但抢劫中国商船，而且也抢别的国家到我们这里来做买卖的商船。郑和用强大的军事力量把海盗消灭了，这样就保证了航路的畅通。另外，为了防止外国来侵犯他们，也需要带足够的军事力量。郑和到锡兰的时候，锡兰国王看到中国商船队的物资很多，他就抢劫这些物资。结果郑和把他打败了，并把他俘虏到北京。后来明朝政府又把他放回去，告诉他，只要你今后不再当强盗就行了。可见为了航行的安全，郑和带军队去是必要的。郑和率领的军事力量虽然很强大，用现在的话来说，他带去了好几个师的军队，而当时南洋没有一个地区有这样强大的军事力量。但是郑和的军队只是用于防卫的。他所进行的是和平通商。尽管当时有这样的力量，这样的可能，但是没有占领别人的一寸土地。后来，比郑和晚一百年的西方人到东方来就不同了。他们一手拿商品，一手拿宝剑，把所到的地方都变成他们的殖民地。如葡萄牙人到了南洋以后就占领了南洋的一些岛屿。当然，在我们的历史上个别的时候也有占领别人的土地的事情。但总的来说，我们国家不是好侵略的国家，我们国家没有占领别国的领土，这和西方资本主义国家有本质的不同。根据当时保留下来的记载，可以看出郑和和南洋各国所进行的贸易是平等的，而不是强加于人的。交易双方公平议价，有些书上记载得很具体，说双方把手伸到袖子里摸手指头议价。现在我们国内有些地方还用这种办法。郑和所到的地区都有中国的侨民，有开矿的，有做工的，有做买卖的，各方面的人都有。有的地方甚至是以华侨为中心，华侨在经济上占主导地位。因此郑和每到一个地方都受到欢迎。

郑和每到一个国家，除了把自己带去的大量商品卖给它们外，也从这些国家带一些商品到中国来。从第一次出去以后，他就选择了南洋群岛的一个岛屿作为根据地，贮积很多货物，以此地为中心，分派商船到各地贸易，等各分遣船队都回到此地后，再一同回国。在前后不到三十年的时期中，印度洋沿岸地区他都走到了，最远到达了红海口的亚丁和非洲的木骨都束。木骨都束就是今索马里的首都，现在叫作摩加迪沙。前年摩加迪沙的市长访问北京的时候，我们对他讲：我们的国家五六百年前就有人访问过你们。他听了很高兴。

通过郑和七次下西洋，中国和南洋的航路畅通了，对外贸易大大地发展了，出国的华侨也就更多了。通过这几十年的对外接触，中国跟南洋这些地区的关系越来越深，来往也越来越多。由于华侨的活动，以及中国的先进生产工具传入这些国家，这样，南洋地区的生产也越来越进步。所以，郑和下西洋的历史事实说明，我们这个国家有这样一个很好的传统：就是不去侵略人家。正因为这样，直到现在，尽管时间过去了五六百年，但是郑和到过的国家，很多地方都有纪念他的历史遗址。因为郑和叫三宝太监，所以很多地方都用三宝来命名。像郑和下西洋这样的事以往历史上是没有的，明朝以后也没有，这是明朝历史上一件很突出的事情。

现在要问：郑和第七次下西洋以后，为什么不去第八次呢？这里有客观的原因，也有主观的原因。客观原因是八十多年以后，欧洲人到东方来进行殖民活动，阻碍了中国和南洋诸国的往来。主观的原因有这几方面：第一，政治上的原因。明成祖死了以后，他的儿子做皇帝。这个短命皇帝很快又死了，再传给下一代，这就是宣宗。宣宗做皇帝时还是个八九岁的小孩，不懂事。于是宫廷里便由他的祖母当权，政府则由三杨（杨士奇、杨荣、杨溥）掌握。三杨在朝廷里当了二三十年的机要秘书。三个老头加上一个老太太掌握国家大权。这些人和明成祖不一样。明成祖有远大的眼光。他们却认为他多事，你派这么多人出去干什么？家里又不是没吃的、没喝的。不过明成祖在世时他们不敢反对，明成祖一死，他们当了家，就不准派人出去了。第二，组织这样的商队需要一个能代替郑和的人，因为郑和这时已经六十多岁，不能再出去了。第三，经济上的原因。从外国进口的物资都是消费物资，不能进行再生产。无论是香料还是染料，都是消费品，珠宝就更不用说了，更是毫无意义的东西。以我们有用的丝绸、铁器、瓷器来换取珠宝，这样做划不来。虽然能解决沿海一些人的生活问题，但是好处不大，国家开支太多。所以，为了节约国家的财政开支，后来就不派遣商队出国了。正当明朝停止派船出国的时候，欧洲人占领了南洋的香料岛，葡萄牙人占领了我们的澳门。他们是用欺骗手段占领澳门的。开头他们向明朝的地方官说：他们的商船经常到这个地方来，遇到风浪把货物打湿了，要租个地方晒晒货物。最初还给租钱，后来就不给了，慢慢地侵占了这个地方，一直到现在还占领着。

从欧洲人到东方来占领殖民地以后，中国的形势就改变了。经过清朝几百年，特别是鸦片战争以后，许多帝国主义国家从几个方面包围中国：印度被英国占领了，缅甸被英国占领了，越南被法国占领了，菲律宾先被西班牙占领，后又被美国占领了，东方的日本走上了资本主义道路，向外进行侵略扩张活动。所以近百年的中国，四面被资本主义国家和帝国主义国家所包围，再加上清朝政府的日益腐败，就使中国逐步变成了半殖民地半封建的国家，进入了半殖民地半封建的社会。

明朝的盛衰

吕思勉

明太祖起于草泽，而能铲除胡元，戡定群雄，其才不可谓不雄。他虽然起于草泽，亦颇能了解政治，所定的学校、科举、赋役之法，皆为清代所沿袭，行之凡六百年。卫所之制，后来虽不能无弊，然推原其立法之始，亦确是一种很完整的制度，能不烦民力而造成多而且强的军队。所以明朝开国的规模，并不能算不弘远。只可惜他私心太重。废宰相，使朝无重臣，至后世，权遂入于阉宦之手。重任公侯伯的子孙，开军政腐败之端。他用刑本来严酷，又立锦衣卫，使司侦缉事务，至后世，东厂、西厂、内厂遂纷纷而起。（东厂为成祖所设，西厂设于宪宗时，内厂设于武宗时，皆以内监领其事。）这都不能不归咎于诒谋之不臧。其封建诸子于各地，则直接引起了靖难之变。

明初的边防，规模亦是颇为弘远的。俯瞰蒙古的开平卫，即设于元之上都。其后大宁路来降，又就其地设泰宁、朵颜、福余三卫。泰宁在今热河东部，朵颜在吉林之北，福余则在农安附近。所以明初对东北，威棱远澹。其极盛时的奴儿干都司设于黑龙江口，现在的库页岛，亦受管辖。（《明会典》卷一〇九：永乐七年，设奴儿干都司于黑龙江口。清曹廷杰《西伯利亚东偏纪要》说庙尔以上二百五十余里，混同江东岸特林地方，有两座碑：一刻《敕建永宁寺记》，一刻《宣德六年重建永宁寺记》，均系太监亦失哈述征服奴儿干和海中苦夷之事。苦夷即库页。宣德为宣宗年号，宣德六年为公元 1431 年。）但太祖建都南京，对于北边的控制，是不甚便利的。成祖既篡建文帝，即移都北京。对于北方的控制，本可更形便利。确实，他亦曾屡次出征，打破鞑靼和瓦剌。但当他初起兵时，怕节制三卫的宁王权要袭其后，把他诱执，而将大宁都司，自今平泉县境迁徙到保定。于是三卫之地，入于兀良哈，开平卫势孤。成祖死后，子仁宗立，仅一年而死。子宣宗继之。遂徙开平卫于独石口。从此以后，宣、大就成为极边了。距离明初的攻克开平，逐去元顺帝，不过六十年。明初的经略，还不仅对于北方。安南从五代时离中国独立，成祖于一四〇六年，因其内乱，将其征服，于其地设立交趾布政使司，同于内地。他又遣中官郑和下南洋，前后凡七次。其事在一四〇五至一四三三年之间，早于欧人的东航有好几十年。据近人的考究：郑和当日的航路，实自南海入印度洋，达波斯湾及红海，且拂非洲的东北岸，其所至亦可谓远了。史家或说：成祖此举，是疑心建文帝亡匿海外，所以派人去寻求的。这话臆度而不中情实。建文帝即使亡匿海外，在当日的情势下，又何能为？试读《明史》的外国传，则见当太祖时，对于西域，使节所至即颇远。可见明初的外交，是有意沿袭元代的规模的。但是明朝立国的规模，和元朝不同。所以元亡明兴，西域人来者即渐少。又好勤远略，是和从前政治上的情势不兼容的，所以虽有好大喜功之主，其事亦不能持久。从仁宗以后，就没有这种举动了。南方距中国远，该地方的货物，到中原即成为异物，价值很贵；又距离既远，为政府管束所不及，所以宦其地者率多贪污，这是历代如此的。明朝取安南后，还是如此。其时中官奉使的多，横暴太甚，安南屡次背叛。宣宗立，即弃之。此事在一四二七年，安南重隶中国的版图，不过二十二年而已。自郑和下南洋之后，中国对于南方的航行，更为熟悉，华人移殖海外的渐多。近代的南洋，华人实成为其地的主要民族，其发端实在此时。然此亦是社会自然的发展，得政治的助力很小。

明代政治的败坏，实始于成祖时。其（一）为用刑的残酷，其（二）为宦官的专权，而两事亦互相依倚。太祖定制，内侍本不许读书。成祖反叛时，得内监为内应，始选官入内教习。又使在京营为监军，随诸将出镇。又设立东厂，使司侦缉之事。宦官之势骤盛。宣宗崩，英宗立，年幼，宠太监王振。其时瓦剌强，杀鞑靼酋长，又胁服兀良哈。一四四九年，其酋长也先入寇。王振贸然怂恿英宗亲征。至大同，知兵势不敌，还师。为敌军追及于土木堡，英宗北狩。朝臣徐有贞等主张迁都。于谦力主守御。奉英宗之弟景帝监国，旋即位。也先入寇，谦任总兵石亨等力战御之。也先攻京城，不能克，后屡寇边，又不得利，乃奉英宗归。大凡敌兵入寇，京城危急之时，迁都与否，要看情势而定，敌兵强，非坚守所能捍御，而中央政府，为一国政治的中心，失陷了，则全国的政治，一时要陷于混乱，则宜退守一可据的据点，徐图整顿。在这情势之下，误执古代国君死社稷之义，不肯迁都，是要误事的，崇祯的已事，是其殷鉴。若敌兵实不甚强，则坚守京城，可以振人心而作士气。一移动，一部分的国土就要受敌兵蹂躏，损失多而事势亦扩大了。瓦剌在当日形势实不甚强，所以于谦的主守，不能不谓之得计。然徐有贞因此内惭，石亨又以赏薄怨望，遂结内监曹吉祥等，乘景帝卧病，闯入宫中，迎英宗复辟，是为“夺门”之变。于谦被杀。英宗复辟后，亦无善政。传子宪宗，宠太监汪直。宪宗传孝宗，政治较称清明。孝宗传武宗，又宠太监刘瑾，这不能不说是成祖恶政的流毒了。明自中叶以后，又出了三个昏君。其（一）是武宗的荒淫。其（二）是世宗的昏愦。其（三）是神宗的怠荒。明事遂陷于不可收拾之局。武宗初宠刘瑾，后瑾伏诛，又宠大同游击江彬，导之出游北边。封于南昌的宁王宸濠，乘机作乱，为南赣巡抚王守仁所讨平，武宗又借以为名，出游江南而还。其时山东、畿南群盗大起，后来幸获敉平，只可算得徼幸。武宗无子，世宗以外藩入继。驭宦官颇严，内监的不敢恣肆，是无过于世宗时的。但其性质严而不明，中年又好神仙，日事斋醮，不问政事。严嵩因之，故激其怒，以入人罪，而窃握大权，政事遂至大坏。其时倭寇大起，沿海七省，无一不被其患，甚至沿江深入，直抵南京。北边自也先死后，瓦剌复衰，鞑靼部落入据河套，谓之“套寇”。明朝迄无善策。至世宗时，成吉思汗后裔达延汗复兴，击败套寇，统一蒙古。达延汗四子，长子早死。达延汗自与其嫡孙卜赤徙牧近长城，称为插汉儿部，就是现在的察哈尔部。次子为套寇所杀。三子系征服套寇的，有两子：一为今鄂尔多斯部之祖，亦早死。一为阿勒坦汗，《明史》称为俺答，为土默特部之祖。第四子留居漠北，则为喀尔喀三部之祖。（车臣，上谢图，札萨克图。其三音诺颜系清时增设。）自达延汗以后，蒙古遂成今日的形势了，所以达延汗亦可称为中兴蒙古的伟人。俺答为边患是最深的。世宗时，曾三次入犯京畿。有一次，京城外火光烛天，严嵩竟骗世宗，说是民家失火，其蒙蔽，亦可谓骇人听闻了。世宗崩，穆宗立，未久而死。神宗立，年幼，张居正为相。此为明朝中兴的一个好机会。当穆宗时，俺荅因其孙为中国所得，来降，受封为顺义王，不复为边患。插汉儿部强盛时，高拱为相，任李成梁守辽东，戚继光守蓟镇以敌之。成梁善战，继光善守，张居正相神宗，益推心任用此二人，东北边亦获安静。明朝政治，久苦因循。张居正则能行严肃的官僚政治。下一纸书，万里之外，无敢不奉行唯谨者，所以吏治大有起色。百孔千疮的财政，整理后亦见充实。惜乎居正为相不过十年，死后神宗亲政，又复昏乱。他不视朝至于二十余年。群臣都结党相攻。其时无锡顾宪成，居东林书院讲学，喜欢议论时政，于是朝廷上的私党，和民间的清议，渐至纠结而不可分。神宗信任中官，使其到各省去开矿，名为开矿，实则借此索诈。又在穷乡僻壤，设立税使，骚扰无所不至。日本丰臣秀吉犯朝鲜，明朝发大兵数十万以援之，相持凡七年，并不能却敌，到秀吉死，日本兵才自退。神宗死后，熹宗继之。信任宦官魏忠贤，其专横又为前此所未有。统计明朝之事，自武宗以后，即已大坏，而其中世宗、神宗，均在位甚久。武宗即位，在一五〇六年，熹宗之死，在一六二七年，此一百二十二年之中，内忧外患，迭起交乘，明事已成不可收拾之局。思宗立，虽有志于振作，而已无能为力了。

明末的政局

吕思勉

明朝当世宗之时，万事废弛，本已成不能复振之局。世宗崩后，穆宗立，在位六年而崩。神宗立。时为一五七二年。穆宗时，张居正、高拱，相继为相。神宗立，年幼，拱复罢，居正辅政。居正有综核之才。史称其当国之时，一纸文书，“虽万里之外，无敢不奉行维谨”的。当时吏治败坏，又承累朝的奢侈，国计民生，均极困难，居正乃裁减用度，刷新庶政。“行官吏久任之法，严州县讳盗之诛。”在相位十年，颇有“起衰振敝”之效。然神宗本性是昏惰的。所以自居正死后，纲纪便又废弛了。而中年后的怠荒，尤为前此列朝所未有。

明朝的君主，视朝本不甚勤谨的。神宗则中年以后，不视朝者至二十余年。专一听信中官。派他们出去做税使，并到各处开矿，借端诬索，毒流天下。皇帝既不管事，群臣就结党相攻。而言路一攻，其人即自去，于是言路之权反重。明朝人本来和宋朝人一样，喜欢争意气的。当时顾宪成等讲学于无锡的东林书院，往往讽议执政，裁量人物。即朝士亦有遥相附和的。于是党祸复起。

清室之先，就是隋唐时的白山靺鞨。辽时，谓之长白山女真。清人自谓国号满洲。据近人所考证，则“满洲”二字，明人写作“满住”，乃大酋之称，不徒非国名，并非部族之名。清室之先，实在是明朝的建州女真。明朝分女真为三卫：曰海西，在今吉林的西部，辽宁的西北部。曰野人，在今吉、黑两省的极东。曰建州，初设于朝鲜会宁府的河谷。事在一四一二年。受职为指挥使的，名猛哥帖木儿，即清人所谓肇祖。后为七姓野人所杀。弟凡察嗣职，迁居佟佳江流域。后来猛哥帖木儿的儿子董山出来，和凡察争印。明朝乃将建州分为左右二卫，以董山为左卫，凡察为右卫指挥使。董山渐渐桀骜。一四六六年，明朝檄调他到广宁，把他杀掉。并出兵攻破其部落。部人拥戴其子脱罗扰边，声言复仇。久之，也就寂然了。于是左卫衰而右卫盛。右卫酋长王杲，其地在今宽甸附近。为李成梁所破。逃到扈伦四部中之哈达。据《清实录》所载，当时的女真，分为满洲、长白山、扈伦、东海四大部。满洲、长白山，就是明朝的建州卫。东海为明朝的野人卫。扈伦则野人部落，南迁而据海西之地的。其中哈达、叶赫，明人称为南北关，倚以捍边，视之尤重。王杲逃到哈达后，哈达酋长把他执送李成梁。李成梁把他杀掉。王杲的儿子阿台，是清景祖的孙婿。景祖，《清实录》名觉昌安，明人谓之叫场，即清太祖之祖。其第四子显祖塔克世，明人谓之他失，为太祖之父。阿台既抱杀父子怨，助叶赫以攻哈达。满洲的苏克苏浒部长尼堪外兰，为李成梁乡导，以攻阿台。阿台被杀。叫场、他失亦俱死。清太祖向明边吏呼冤，明人乃将叫场、他失的尸体还给他。此时清太祖势甚微弱。至一五八三年，乃起兵以攻尼堪外兰。一五八六年，尼堪外兰奔明边。明人非但不加保护，反把他执付清太祖。并开抚顺、清河、宽甸、叆阳四关，许他互市。从此满洲，就渐渐强盛起来了。清人既渐强，满洲五部，都为所征服。扈伦、长白山联合蒙古的科尔沁等部来伐，亦为清太祖所败。太祖又联合叶赫，以灭哈达。至一六一六年，遂起兵叛明。

清兵既起，明以杨镐为经略，发大兵二十万，分四路东征。三路皆败。清人遂陷铁岭，进灭叶赫。明以熊廷弼为经略。旋代以袁应泰。应泰有吏材，无将略，辽、沈遂陷。清太祖自赫图阿拉迁居辽阳。一六二五年，又迁居沈阳。俨然和明朝对抗了。

边事如此，而明朝方忙于三案之争。东林、非东林，互相攻击。熹宗时，非东林党人结中官魏忠贤，把东林党人，一网打尽。忠贤的骄横，尤其前此宦官所未有。直到一六二七年，毅宗即位，才把他除掉。然而外患未平，流寇复起，终于不能支持了。

流寇是毅宗初年，起于陕西的。流入山西。又流入河北。渡河，犯湖广、四川、襄郧。明朝命陈奇瑜督剿。一六三四年，奇瑜蹙贼于车箱峡。贼势业已穷蹙，而奇瑜信其伪降，受之，贼出峡即大掠。于是分为两股：一为高迎祥、李自成。一为张献忠。四处流窜。一六三六年，迎祥为孙传庭所擒，自成逃向甘肃。献忠亦给卢象昇打败，诣湖北伪降。贼势又已衰挫。而满洲又于此时入犯，诸将都撤兵东援，贼势遂复炽。

明自辽、沈陷后，再起熊廷弼为经略。因为广宁巡抚王化贞所掣肘，计不得行。辽西城堡多陷。明逮廷弼、化贞，俱论死。以王在晋为经略。在晋主守山海关。时袁崇焕以佥事监军关外，主张守宁远。大学士孙承宗是崇焕议。乃罢在晋，代以承宗。旋又代以高第。第性恇怯，尽撤守备入关。崇焕誓以死守宁远。一六二六年，清太祖见明大兵已撤，以为机有可乘，自将攻宁远。大败，受伤而死。太宗立。先定朝鲜。还攻宁远、锦州，又大败。一六二九年，太宗乃避正面，自喜峰口入长城。崇焕亦兼程入援。两军大战，胜负未分。先是崇焕以皮岛守将毛文龙跋扈，借阅兵为名，把他杀掉。毅宗虽加抚慰，实则不能无疑。至是，清人纵反间之计，毅宗遂将袁崇焕下狱杀掉。于是边事愈坏。毛文龙死后，其部将孔有德、耿仲明等逃到登州。后来造反，给官军打败，浮海降清。引清兵攻陷广鹿岛。守将尚可喜降。皮岛亦陷。明人前此，常藉海军势力，牵制辽东，至此亦消灭了。然而辽西兵力还厚。太宗乃仍绕道长城各口，于一六三六、一六三八、一六四〇等年，入犯京畿，蹂躏山东。明朝剿匪的兵事，因此大受牵制。一六四〇年，清兵大举攻锦州。明蓟辽总督洪承畴往援，战于松山，大败。明年，松山破，承畴降。锦州亦陷。于是关外重镇，只有一个宁远了。然而明兵塞住山海关，清人还不敢深入。

李自成、张献忠再叛之后，献忠窜入四川，自成则再攻河南。是时，河南大饥，民从之者如流水，势遂大炽。一六四三年，自成陷西安。明年，称帝。东陷太原。分兵出真定，而自率大兵陷大同。遂陷宣府，自居庸关陷京师。毅宗自缢死。毅宗死的前一年，清太宗也死了。子世祖立。年才六岁，郑亲王济尔哈朗、睿亲王多尔衮同摄政。明山海关守将吴三桂，闻京城被围，发兵入援。至丰润，京城已陷。李自成招他投降，三桂已经答应了。后闻爱妾陈沅被掠，大怒，走回降清。多尔衮方略地关外，闻之，大喜，疾驰受其降。合兵打破李自成。自成逃回陕西。清兵遂入北京，世祖即迁都关内。

第九辑
细说清史

戊戌变法、庚子拳乱，清朝的失政，一步步地使人民失望。而其时人民的程度亦渐高，于是从改革政治失望之余，就要拟议及于政体了。

清代的盛衰

吕思勉

清朝的猾夏，是远较辽、金、元为甚的。这是因为女真民族，在渤海和金朝时，业已经过两度的开化，所以清朝初兴时，较诸辽、金、元，其程度已觉稍高了。当太宗时，已能任用汉人，且能译读《金世宗本纪》，戒谕臣下，勿得沾染华风。入关之后，圈占民地，给旗人住居，这也和金朝将猛安谋克户迁入中原，是一样的政策。他又命旗兵驻防各省，但多和汉人分城而居，一以免其倚势欺凌，挑起汉人的恶感，一亦防其与汉人同化。其尤较金人为刻毒的，则为把关东三省都封锁起来，禁止汉人移殖。他又和蒙古人结婚姻，而且表面上装作信奉喇嘛教，以联络蒙古的感情，而把蒙古也封锁起来，不许汉人移殖，这可称之为“联蒙制汉”政策。他的对待汉人，为前代异族所不敢行的，则为明目张胆，摧折汉人的民族性。从来开国的君主，对于前代的叛臣投降自己的，虽明知其为不忠不义之徒，然大抵把这一层抹杀不提，甚且还用些能知天命，志在救民等好看的话头，替他掩饰，这个可说是替降顺自己的人留些面子。清朝则不然。对于投顺他的人，特立贰臣的名目，把他的假面具都剥光了。康、雍、乾三朝，大兴文字之狱，以摧挫士气。乾隆时开四库馆，编辑四库全书，却借此大烧其书。从一七六三到一七八二二十年之中，共烧书二十四次，被烧掉的书有五百三十八种，一万三千八百六十二部之多。不但关涉清朝的，即和辽、金、元等有关涉的，亦莫不加以毁灭。其不能毁灭的，则加以改窜。他岂不知一手不能掩尽天下目？他所造作的东西，并不能使人相信？此等行为，更不能使人心服？不过肆其狠毒之气，一意孤行罢了。他又开博学鸿词科，设明史馆，以冀网罗明季的遗民。然被其招致的，全是二等以下的人物，真正有志节的，并没有入他彀中的啊！

从前的人民，对于政权，实在疏隔得太利害了。所以当异族侵入的时候，民心虽然不服，也只得隐忍以待时，清初又是这时候了。从一六八三年台湾郑氏灭亡起，到一七九三年白莲教徒起兵和清朝反抗为止，凡一百一十年，海内可说无大兵革。清圣祖的为人，颇为聪明，也颇能勤于政治；就世宗也还精明。他们是一个新兴的野蛮民族，其骄奢淫逸，比之历年已久的皇室，自然要好些。一切弊政，以明末为鉴，自然也有相当的改良。所以康、雍之世，政治还算清明，财政亦颇有余蓄。到乾隆时，虽然政治业已腐败，社会的元气，亦已暗中凋耗了，然表面上却还维持着一个盛况。

武功是时会之适然。中国的国情，是不适宜于向外侵略的。所以自统一以后，除秦、汉两朝，袭战国之余风，君主有好大喜功的性质，社会上亦有一部分人，喜欢立功绝域外，其余都是守御之师。不过因为国力的充裕，所以只要（一）在我的政治相当清明，（二）在外又无方张的强敌，即足以因利乘便，威行万里。历代的武功，多是此种性质，而清朝亦又逢着这种幸运了。蒙古和西藏的民族，其先都是喜欢侵略的。自唐中叶后，喇嘛教输入吐蕃，而西藏人的性质遂渐变。明末，俺答的两个儿子侵入青海。其结果，转为青海地方的喇嘛教所感化，喇嘛教因此推行于蒙古，连蒙古人的性质，也渐趋向平和，这可说是近数百年来塞外情形的一个大转变。在清代，塞外的侵略民族，只剩得一个卫拉特了。而其部落较小，侵略的力量不足，卒为清人所摧破。这是清朝人的武功，所以能够煊赫一时的大原因。卫拉特即明代的瓦剌。当土木之变时，其根据地本在东方。自蒙古复强，他即渐徙而西北。到清时，共分为四部：曰和硕特，居乌鲁木齐。曰准噶尔，居伊犁。曰杜尔伯特，居额尔齐斯河。曰土尔扈特，居塔尔巴哈台。西藏黄教的僧侣，是不许娶妻的。所以其高僧，世世以“呼毕勒罕”主持教务。因西藏人信之甚笃，教权在名义上遂出于政权之上。然所谓迷信，其实不过是这么一句话。从古以来，所谓神权政府，都是建立在大多数被麻醉的人信仰之上的，然教中的首领，其实并不迷信，试看其争权夺利，一切都和非神权的政府无异可知。达赖喇嘛是黄教之主宗喀巴的第一个大弟子，他在喇嘛教里，位置算是最高，然并不能亲理政务，政务都在一个称为“第巴”的官的手里。清圣祖时，第巴桑结，招和硕特的固始汗入藏，击杀了红教的护法藏巴汗，而奉宗喀巴的第二大弟子班禅入居札什伦布，是为达赖、班禅分主前后藏之始。和硕特自此徙牧青海，干涉西藏政权，桑结又恶之，招致准噶尔噶尔丹入藏，击杀了固始汗的儿子达颜汗。准噶尔先已摄服杜尔伯特，逐去土尔扈特，至此其势大张。一六八八年，越阿尔泰山攻击喀尔喀，三汗部众数十万，同时溃走漠南。清圣祖为之出兵击破噶尔丹。噶尔丹因伊犁旧地，为其兄子策妄阿布坦所据无所归，自杀。阿尔泰山以东平。固始汗的曾孙拉藏汗杀掉桑结。策妄阿布坦派兵入藏，袭杀拉藏汗。圣祖又派兵将其击破。一七二二年，圣祖死，世宗立。固始汗之孙罗卜藏丹津煽动青海的喇嘛反叛，亦为清兵所破。此时卫拉特的乱势，可谓蔓延甚广，幸皆未获逞志，然清朝亦未能犁庭扫穴。直至一七五四年，策妄阿布坦之子噶尔丹策凌死，其部落内乱，清高宗才于一七五七年将其荡平。

至于天山南路，则本系元朝察哈尔后王之地，为回教区域。元衰后，回教教主的后裔有入居喀什噶尔的，后遂握有南路政教之权。准部既平，教主的后裔大小和卓木（大和卓木名布罗尼特，小和卓木名霍集占）和清朝反抗，亦于一七五九年为清所破灭。清朝的武功，以此时为极盛。天山南北路既定，葱岭以西之国，敖罕、哈萨克、布鲁特、干竺特、博罗尔、巴达克山、布哈尔、阿富汗等，都朝贡于清，仿佛唐朝盛时的规模。一七九二年，清朝又用兵于廓尔喀，将其征服，则其兵力又为唐时所未至。对于西南一隅，则清朝的武功，是掩耳盗铃的。当明初，中国西南的疆域，实还包括今伊洛瓦底江流域和萨尔温、眉公两江上游（看《明史·西南土司传》可知）。但中国对于西南，实力并不充足，所以安南暂合而复离，而缅甸亦卒独立为国。中国实力所及，西不过腾冲，南不越普洱，遂成为今日的境界了。一七六七年，清高宗因缅甸犯边，发兵征之败没。一七六九年，又派大兵再举，亦仅因其请和，许之而还。这时候，暹罗为缅甸所灭。后其遗臣中国人郑昭，起兵复国，传其养子郑华，以一七八六年受封于中国，缅甸怕中国和暹罗夹攻它，对中国才渐恭顺。安南之王黎氏，明中叶后为其臣莫氏所篡。清初复国。颇得其臣阮氏之力，而其臣郑氏，以国戚执政，阮氏与之不协，乃南据顺化，形同独立。后为西贡豪族阮氏所灭。是为新阮，而顺化之阮氏，则称旧阮。新阮既灭旧阮，又入东京灭郑氏，并废黎氏。黎氏遗臣告难中国。高宗于一七八八年为之出兵，击破新阮，复立黎氏。然旋为新阮所袭败，乃因新阮的请降，封之为王。总而言之，中国用兵于后印度，天时地利，是不甚相宜的，所以历代都无大功，到清朝还是如此。清朝用兵域外，虽不得利，然其在湘西、云、贵、四川各省，则颇能竟前代所未竟之功。在今湖南、贵州间，则开辟永顺、干州、凤凰、永绥、松桃各府、厅，在云南，则将乌蒙、乌撒、东川、镇雄各土官改流（乌蒙，今云南昭通县。乌撒，今贵州威宁县）。在贵州，则平定以古州为中心的大苗疆（古州，今榕江县）。这都是明朝未竟的余绪。四川西北的大小金川（大金川，今理番县的绥靖屯。小金川，今懋功县），用兵凡五年，糜饷至七千万，可谓劳费已甚，然综合全局看起来，则于西南的开拓，仍有裨益。

清朝的衰机，可说是起于乾隆之世的。高宗性本奢侈，在位时六次南巡，耗费无艺。中岁后又任用和珅，贪渎为古今所无。官吏都不得不剥民以奉之，上司诛求于下属，下属虐取于人民，于是吏治大坏。清朝历代的皇帝，都是颇能自握魁柄，不肯授权于臣下的。他以异族入主中原，汉族真有大志的人，本来未必帮他的忙。加以他们予智自雄，折辱大臣，摧挫言路，抑压士气，自然愈形孤立了。所以到干、嘉之间，而局面遂一变。

鸦片战争

吕思勉

鸦片战争，是打破中国几千年来闭关独立的迷梦的第一件大事。其祸虽若天外飞来，其实酝酿已久，不过到此始行爆发罢了。

中英通商问题，种种轇轕，已见于前。英国在中国的贸易，自一七八一年以后，为东印度公司所专。至一八三四年才废。公司的代理人，中国谓之大班。公行言“散商不便制驭，请令其再派大班来粤”。粤督卢坤奏请许之。于是英人先派商务监督，后派领事前来，而中国官吏，仍只认为大班，不肯和他平行交接。于是英领事义律，上书本国，说要得中国允许平等，必须用兵；而中英之间，战机就潜伏着了。而其时适又有一鸦片问题，为之导火线。

鸦片是从唐代就由阿拉伯人输入的。但只是做药用。到了明代，烟草从南洋输入，中国人开始吸食，其和以鸦片同熬的，则称为鸦片烟，才成为嗜好品。当时鸦片由葡萄牙人输入，每年不过二百箱。而吸食鸦片烟，则当一七二九年之时，已有禁例。自英国东印度公司，垄断在中国的贸易后，在印度地方，广加栽种，而输入遂多。乾隆末年，粤督奏请禁止入口。嘉庆初年，又经申明禁令。鸦片自此遂成为无税的私运品，输入转见激增。海关每年，漏银至数千万两之巨。不但吸食成瘾，有如刘韵珂所说："黄岩一邑，白昼无人，竟成鬼市。"林则徐所说："国日贫，民日弱，十余年后，岂唯无可筹之饷，亦且无可用之兵。"未免不成样子。而银是中国的货币，银价日贵，于财政、经济关系都是很大的。所以至道光之世，而主张禁烟的空气，骤见紧张。

当时内外的议论，都是偏向激烈的。只有太常寺卿许乃济一奏，较为缓和。宣宗令疆臣会议，覆奏的亦多主张激烈。而一八三八年，鸿胪寺卿黄爵滋奏请严禁的一疏尤甚。于是复位禁例，而派林则徐以钦差大臣，驰赴广东，查办海口事件。

则徐既至粤，强迫英商，交出鸦片二万零二百八十三箱，悉数把它焚毁。又布告各国：商船入口，都要具"夹带鸦片，船货充公，人即正法”的甘结，各国都愿遵照。唯英领事义律不可。则徐遂命沿海断绝英人接济。时英国政府，尚未决定对中国用兵；而印度总督，遣军舰两艘至澳门。义律大喜。以索食为名，炮击九龙。时则徐在沿海亦已设防，英人不得逞。乃请葡萄牙人出而转圜，请删甘结中“人即正法”一语，余悉如命。则徐仍不许。时英议会中，亦分为强硬缓和两派。然毕竟以九票多数，通过“对中国此前的损害，要求赔偿；对英人此后的安全，要求保证”。时为一八四〇年四月。于是英人调印度、好望角的兵一万五千人，命伯麦和加至义律统率前来，而中、英的兵衅遂启。

英兵既至，因广东有备，转攻厦门。亦不克。乃北陷定海。投英国巴里满致中国首相的书。浙江巡抚不受，乃转赴天津。清宣宗是个色厉而内荏的人。遇事好貌为严厉，而对于事情的本身，实在无真知灼见。又没有知人之明。所以其主意很易摇动。当时承平久了，沿海各省都无备，疆臣怕多事，都不悦林则徐所为，乃造蜚语以闻于上。于是朝意中变。命江督伊里布赴浙江访致寇之由。又谕沿海督抚：洋船投书，许即收受驰奏。时林则徐已署理粤督，旋革其职，遣戍伊犁，而命琦善以钦差大臣赴粤查办。

琦善既至，尽撤林则徐所设守备。时加至义律有疾，甲必丹义律代当谈判之任。琦善一开口，就许偿烟价二百万。义律见其易与，又要求割让香港。琦善不敢许。义律就进兵，陷沙角、大角两炮台。副将许连升战死。琦善不得已，许开广州，割香港。英兵乃退出炮台。朝廷闻英人进兵，大怒。命奕山以靖逆将军赴粤剿办。英人遂进陷横当、虎门两炮台。提督关天培又战死，奕山既至，夜袭英军，不克。城外诸炮台尽陷。全城形势，已落敌人手中。不得已，乃令广州知府余葆纯缒城出见英人。许偿军费六百万，尽五天之内交出。而将军率兵，退至离城六十里之处。英兵乃退出虎门。奕山乃冒奏："进剿大挫凶锋，义律穷蹙乞抚，唯求照旧通商，永遵不敢售卖鸦片。"而将六百万之款，改称商欠。朝廷以为没事了。而英人得义律和琦善所订的《草约》，以为偿款太少，对于英人此后之安全，更无保证，乃撤回义律，代以璞鼎查。续调海军东来，于是厦门、定海，相继陷落。王锡朋、郑国鸿、葛云飞三总兵，同日战死。英兵登陆。陷镇海。提督余步云遁走。江督裕谦，时在浙视师，自杀。英军遂陷宁波。清廷以奕经为扬威将军，进攻，不克。而英人又撤兵而北。入吴淞口。陷宝山、上海。又进入长江，陷镇江，逼江宁。清廷战守之术俱穷，而和议以起。

先是伊里布因遣家人张喜，往来洋船，被参奏，革职遣戍。至是，乃用他和耆英为全权大臣，和璞鼎查在江宁议和。订立条约十三款。时为一八四二年八月二十九日。是为中国和外国订立条约之始。约文重要的内容：

（一）中国割香港予英。

（二）开广州、厦门、福州、宁波、上海五口，许英人携眷居住，英国派领事驻扎。

（三）英商得任意和华人贸易，毋庸拘定额设行商。

（四）进出口税则，秉公议定，由部颁发晓示。英商按例纳税后，其货物得由中国商人，遍运天下，除照估价则例加收若干分外，所过税关，不得加重税则。

（五）英国驻在中国的总管大员，与京内外大臣，文书往来称照会，属员称申陈，大臣批复称札行。两国属员往来，亦用照会，唯商贾上达官宪仍称禀。

这一次条约，和英国巴里满所要求的，可以说是无大出入。总而言之，是所以破此前（一）口岸任意开闭，（二）英人在陆上无根据地，（三）税额繁苛，（四）不许英官和中国平行之局的。

五口通商的条约，可说是中国人受了一个向来未有的打击。当时的不通外情，说起来也真可笑。当时英人进犯鸡笼（基隆港——编者注），因触礁，有若干人为中国所获。总兵达洪阿和兵备道姚莹奏闻。廷寄乃命其将“究竟该国地方，周围几许？所属之国，共有若干？其最为强大，不受该国统束者，共有若干人？英吉利至回疆各部，有无旱路可通？平素有无往来？俄罗斯是否接壤？有无贸易相通？……”逐层密讯，译取明确供词，据实具奏。在今日看起来，真正可笑而又可怜了。而内政的腐败，尤可痛心。当时广东按察使王廷兰，写给人家的信，说："各处调到的兵，纷扰喧呶，毫无纪律。互斗杀人，教场中死尸，不知凡几。”甚而至于“夷兵抢夺十三洋行，官兵杂入其中，肩挑担负，千百成群，竟行遁去。点兵册中，从不闻清查一二”。又说，从林则徐查办烟案以来，“兵怨之，夷怨之，私贩怨之，莠民亦怨之，反恐逆夷不胜，则前辙不能复蹈”。而刘韵珂给人家的信，亦说："除寻常受雇，持刀放火各犯外，其为逆主谋，以及荷戈相从者，何止万人？”人必自侮而后人侮之，这真可使人悚然警惧了。然而仅此区区，何能就惊醒中国人的迷梦？

太平天国和捻党之役

吕思勉

满族占据中国，倏忽二百年了。虽然他治理中国之法，还是取之于中国，然而在民族主义上，总欠光晶。加以他政治腐败，国威陵替；五口通商之役，以堂堂天朝，而割地赔款于海外夷人，这在当日，确是个非常之变。英雄豪杰，岂得不乘时思奋？于是霹雳一声，而太平天国以起。

太平天国天王洪秀全，是广东花县人。他以一八一二年诞生，恰在民国纪元之前百年。他是有志于驱除异族，光复河山的人。要做光复事业，不得不和下层民众结合，乃不得不借助于宗教。广东和外国交通早，西教输入的年代亦久。所以洪秀全所创的上帝教，颇与基督教相近。以耶和华为天父，基督为天兄，而自称为基督之弟。和冯云山等同到广西传布，信他的人颇多。大多数都是贫苦的客民。一八四七、一八四八年间，广西年荒盗起，居民倡团练自卫，和教中人颇有冲突。秀全乘机，以一八五〇年六月，起事于桂平的金田村。

时广西盗贼甚多，清朝派向荣等剿办，不利。洪秀全以起事的明年，据永安。始建太平天国之号，自称天王。又明年，突围而出。攻桂林，不克。乃北取全州，浮湘而下。为江忠源乡勇所扼，改由陆道出湘东。攻长沙，亦不克，而清援军渐集，乃舍之，北出洞庭。克岳州，遂下武、汉。沿江东下，直抵江宁，建为天京。时为一八五三年。

当洪秀全在永安时，有人劝他，由湘西出汉中，以图关中。秀全不能用。及克武、汉，又有主张北上的，以琦善统大兵扼河南，不果。天京既建，清向荣以兵踵至，营于城东孝陵卫，而琦善之兵，移驻扬州，是为江南、江北两大营。太平军殊不在意。当时派兵两支：一自安徽出河南北伐，一沿江西上。后来北伐的兵，因形势太孤，虽经河南、山西，打入直隶，毕竟为清兵所歼灭。这个从太平军一方面论起来，实在是件可惜的事。其西上之兵，则甚为得势。再破安庆、九江，占据武、汉，并南下岳州、湘阴。

此时清朝的兵，不论绿营、八旗，都不足用，乃不得不专靠乡勇。当时办团练的地方很多。而湘乡曾国藩，以在籍侍郎，主持办团之事。国藩仿戚继光之法，倡立营制。专用忠勇的书生，训练诚朴的乡农。又创立水师，以期和太平军相角逐。遂成为太平军的劲敌。湘军以一八五四年，出境作战。初出不利。旋复战胜，克复岳州。又会湖北兵复武、汉。然进攻九江不能克；而石达开坐镇安庆，遣兵尽取江西州县；国藩孤居南昌，一筹莫展，形势甚危。长江中流，太平军仍占优势。而天国于是时顾起了内讧，遂授清军以可乘之隙。

洪秀全的为人，似长于布教，而短于治政和用兵。既据天京之后，就深居简出，把军国大事，一切交给杨秀清。旋又相猜忌，乃召韦昌辉，使杀秀清。石达开闻变回京，昌辉又杀其家属。达开缒城而遁。自此别为一军，不复受天京节制。秀全又使秀清余党，杀掉昌辉。于是太平军初起诸人略尽，遂呈散漫之象。清军乘之，以一八五七年冬克武、汉。明年春，又复九江。胡林翼居武昌，筹饷练兵，屹为重镇。太平军仅据安庆和天京相犄角，形势就很危险了。

然而太平军中，还有后起之秀，足以支持危局的，那就是李秀成。其时清军上流一方面，分遣陆军攻皖北，水军攻安庆。下流一方面，向荣的江南大营，前此被太平军攻破，清朝用其部将张国梁，主持军事，于九江失陷之际，再逼天京而军。此时捻党已盛于江北。李秀成和其首领张洛行相联络，把皖北的军事，交托悍将陈玉成，而自己入京辅政。玉成歼湘军精锐于三河集，安庆之围亦解。李秀成知道江南大营的饷源，出于浙江。其时江北大营，已不置师，归江南大营兼统，泛地更广。乃出兵陷杭州，以摇动其军心。又分军扰乱各处，以分其兵力。而突合各路的兵猛攻之，大营遂溃。国梁走死。苏、松、常、太，相继皆下，太平军的形势又一振。

然而大厦非一木所能支，单靠一个忠勇善谋战的李秀成，到底不能挽回太平天国的末运。清朝此时，胡林翼已死，乃用曾国藩为两江总督。发纵指示之责，集于国藩一身。国藩使弟国荃攻围安庆。陈玉成不能将将，诸将都不听命，遂不能救。一八六一年，秋间，安庆陷落。玉成战败走合肥，为苗沛霖所执，送于清军，被杀。曾国藩乃荐沈葆桢抚赣，左宗棠抚浙，以敌太平军方面李世贤、汪海洋的兵。使鲍超、多隆阿等分攻皖南、北。都兴阿镇守扬州。而使曾国荃沿江东下，杨岳斌、彭玉麟以水师为之声援，以逼天京。又使李鸿章募兵淮、徐，以图苏、松。李秀成力劝洪秀全出兵亲征，不听。请与太子俱出，又不听。秀成曾一度出兵江北，因张洛行已被擒，亦无成功。只得守了苏州，和天京作为声援。

借外力以平内乱是件可耻的事，亦是件可危的事。当道咸之世，清朝的昏愦反复，很为外人所厌恶。太平军在此时，很有和外人联络的机会，而太平军未肯出此。——或亦是未知出此。——清朝则似非所恤。一八五八、一八六〇年两役，外人在条约上所得的权利，实在多了，乃有助清人以攻太平军之议，清廷初亦未敢接受。然至苏、松失陷后，江苏巡抚薛焕，和布政使吴煦，避居上海，到底藉外人所训练统率的华兵，即所谓常胜军者，以御太平军。此时中国兵弱，洋将多不听命。苏人避居上海的，乃自雇汽船七艘，以迎李鸿章的淮军。太平军既未能邀击。苏州诸生王畹，献策于李秀成，请先设计封锁或扰乱上海，俾外人避居，然后出而招抚，收为己用，秀成又未能用。李鸿章至，淘汰前所募兵，代以淮勇，都强悍能战；常胜军亦隶麾下，辅以精利的器械；而上海此时，饷源又甚丰富；太平军东路的形势，遂亦陷于危急。

李秀成此时，以一身负天京和苏州两方面守御的重任，兼负调度诸军之责。当一八六二年时，曾国荃已攻破沿江要隘，直逼天京。是年秋间，其军大疫。秀成合李世贤攻浙的兵，猛攻其营。凡四十六日，卒不能破。天京之围，自此遂不能解。至一八六三年初冬，而苏州又失陷，秀成乃入天京死守。明年，六月，天京亦陷。天王先已仰药殉国。秀成奉太子福瑱出走。于路相失，为清军所获，死之。太子会李世贤、汪海洋之师入赣，亦为清军所执，殉国于南昌。海洋、世贤的兵，没于闽、粤。石达开先别为一军，历赣、闽、湘、桂而入川，欲图割据，亦为清兵合土司所擒。陈玉成败后，在皖北的陈德才，北入河南，闻天京紧急，率兵还救，不及，自杀。太平天国自立凡十五年，兵锋所至，达十六省，卒仍为满族所征服。

然而其余众合于捻党，犹足使清廷旰食者数年。所谓捻党，是很早就有的。太平军起而捻势亦盛。蔓衍于苏、皖、鲁、豫四省之间。雉河集的张洛行、李兆受为其首领。寿州练总苗沛霖，亦阴和太平军和捻党相通。清命袁甲三等剿之，无效。一八六〇年，英、法兵陷京城。捻众亦乘机北略，至济宁。英、法兵既退，乃命僧格林沁剿办。僧格林沁攻破雉河集，张洛行、姜台凌皆死。苗沛霖亦被陈玉成余众所杀，捻势稍衰。太平天国既亡，余众多合于捻，其势复盛。僧格林沁勇而无谋。捻众多马队，其势飘忽，僧格林沁常为所致。遂以一八六五年，败死于曹州。清廷命曾国藩往剿。国藩首创圈制之法。练黄河水师。以济宁、徐州、临淮关、周家口为四镇，各派重兵驻扎。于运河东岸，贾鲁河西岸筑长墙，想把捻众蹙之一隅。

然而止不住捻众的冲突，一八六六年，捻众突围而出，张宗禹入陕，任柱、赖文光入山东，于是罢国藩，代以李鸿章。鸿章仍守国藩遗策，倒守运河，把东捻逼到海隅。于一八六七年打定。其西捻则由左宗棠剿击。宗棠败之渭北。捻众乃北犯延绥，渡河入山西。再出河南，以入直隶。宗棠率兵追击。李鸿章亦渡河相助。命直隶之民，多筑寨堡以自卫，而沿黄、运二河筑长墙以守。至一八六八年，才把他逼到黄、运、徒颊之间打平。

捻匪不过是扰乱，说不上什么主义的。太平天国，则当其兵出湖南时，即已发布讨胡之令。可谓堂堂之阵，正正之旗。其定都金陵后，定田制，改历法，禁蓄妾及买卖奴婢，并禁娼妓，戒缠足，颁天条以为法律，开科举以取士，亦略有开创的规模；且颇富于新理想。有人说：“中国当日，恶西教正甚，而太平天国，带西教的色彩很重，这是其所以失人心的原因。”然而天王的创教，本不过是结合的一种手段；兵势既盛之后，亦未曾尽力推行。太平天国的灭亡，其中央无真长于政治和军事的人才，实在是其最大的原因。而其据天京之后，晏安鸩毒；始起诸人，不能和衷共济，反而互相残杀；又其后来，所谓老兄弟者日少，新兄弟日多，军纪大坏；亦是其致亡的原因。太平天国，提倡民族主义，曾国藩等，则揭橥忠君主义，以与之对抗。在当日，自然是忠君主义，易得多数人的扶助；然而民族主义的源泉，终不绝灭，遂潜伏着，以待将来的革命。

清末的宪政运动

吕思勉

戊戌变法、庚子拳乱，清朝的失政，一步步地使人民失望。而其时人民的程度亦渐高，于是从改革政治失望之余，就要拟议及于政体了。

中国的民主思想，在历史上，本是酝酿得很深厚的。不过国土大，人民多，没有具体的办法罢了。一旦和外国交通，看见其政体有种种的不同，而且觉得他们都比我们富强；从国势的盛衰，推想而及于政权的运用，自然要拟议及于政体了。于是革命、立宪，遂成为当日思潮的两流。

戊戌政变以后，康有为在海外设立保皇党。梁启超则在日本横滨发行《清议报》，痛诋那拉后，主张拥戴德宗，以行新政。这时候，还是维新运动的思想。但是空口说白话，要想那拉后把政权奉还之于德宗，是无此情理的，所以虽保皇党要想夺取政权，亦不得不诉之于武力。人民哪里来武力呢？其第一步可以利用的，自然是会党。原来中国各种会党，溯其原始，都是人民受异族的压迫，为此秘密组织，以为光复之预备的。日久事忘，固然不免渐忘其原来的宗旨，然而他们，究竟是有组织的民众，只要有有心人，能把宗旨灌输给他们，用以举事，自较毫无组织的人民为易。所以在当时，不论保皇党、革命党，都想利用他们。就是八国联军入京的这一年，康有为之党唐才常，在上海设立国会总会，汉口设立分会。才常居汉口。后来的革命党人黄兴居湖南，吴禄贞居安徽的大通，联络哥老会党，广发富有会票，谋以这一年七月间，在武汉同时举事，而湖南、安徽，为之策应。未及期而事泄。才常被杀。鄂、湘、苏、皖四省，搜捕党众，杀戮颇多。当时鄂督张之洞，有一封信，写给上海国会总会中人，劝他们不要造反。国会中人，也有一封信复他，署名为是中国民。畅发国家为人民所公有，而非君主所私有之义，为其时之人所传诵。保皇运动，浸浸接近于革命了。

但是到十九世纪的初年，保皇党宗旨渐变。《清议报》发刊，满一百期而止。梁启超改刊《新民丛报》。其初期，颇主张革命。后来康有为鉴于法国大革命杀戮之惨及中南美诸国政权的争夺，力主君主立宪，诒书诤之，梁启超渐渐改从其说。于是《新民丛报》成为鼓吹立宪的刊物，和当时革命党所出的《民报》对峙。以立宪之说，可以在国内昌言之故，《新民丛报》在国内风行颇广，立宪的议论渐渐得势。到日俄战争以后，舆论都说日以立宪而胜，俄以专制而败，立宪派的议论，一时更为得势。

庚子一役，相信一班乱民，做这无意识开倒车的运动，以致丧权辱国，赔款之巨，尤其贻累于人民，清朝自己，也觉得有些难为情了。于是复貌行新政，以敷衍人民。然而所行的都有名无实，人民对于朝廷的改革，遂觉灰心绝望。除一部分从事于革命外，其较平和的，也都想自己参与政权，以图改革，这是十九世纪初年立宪论所以兴盛的原因。而其首将立宪之举，建议于清朝的，则为驻法公使孙宝琦。其后两江、两湖、两广诸总督，相继奏请。到一九〇五年，直督袁世凯，又奏请简派亲贵，分赴各国，考察政治。于是有派五大臣出洋考察之举。明年回国，一致主张立宪。于是下上谕："先将官制改革，次及其余诸政治，使绅民明悉国政，以备立宪基础。数年之后，查看情形，视进步之迟速，以定期限之远近。"是为清末的所谓预备立宪。于是改定内外官制。设资政院、咨议局，以为国会及省议会的基础，颁布《城镇乡自治章程》。

立审计院，颁布《法院编制法》及《新刑律》。设省城及商埠的检察、审判厅，又设立宪政编查馆，以为举行宪政的总汇。看似风起云涌，实则所办之事，都是不伦不类的，而且或格不能行，或行之而名不副实，人民依旧觉得失望。于是即行立宪和预备立宪，遂成为当日朝廷和人民的争点。

朝廷上说："人民的程度不足，是不能即行立宪的。"舆论则说："程度的足不足，哪有一定标准？况且正因为政治不良，所以要立宪。若使把件件政治都改好了，然后立宪，那倒无须立宪了。"当时政府和人民的争点，大要如此。当时的政府，是软弱无力的。既没有直接痛快拒绝人民的勇气，又不肯直接痛快实行人民的主张。一九〇八年，各省主张立宪的政团和人民上书请速开国会。朝廷下诏，定以九年为实行之期。这一年冬天，德宗死了。那拉后立醇亲王载沣之子溥仪，年四岁，以载沣为摄政王。明日，那拉后也死了。其明年，各省谘议局成立，组织国会请愿同志会，于一九一〇年，入都请愿，亦不许。这一年，京师资政院开会，亦通过请愿速开国会案上奏。清廷乃下诏，许缩短期限，于三年之后，开设国会。人民仍有不满，请愿即行开设的，遂都遭清廷驱逐。并命京内外，有倡言请愿的，即行弹压拿办。其訑訑的声音颜色，可谓与人以共见了。

当时的清廷，不但立宪并无诚意，即其政治亦很腐败。政府中的首领，是庆亲王奕劻。他是个老耄无能的人，载沣性甚昏庸。其弟载洵、载涛，亦皆欲干预政治，则又近于胡闹。到革命这一年，责任内阁成立，仍以奕劻为总理。阁员亦以满族占多数。人民以皇族内阁，不合立宪公例，上书请愿。谘议局亦联合上书，不听。到第二次上书，就遭政府的严斥。这时候的政治家，鉴于中国行政的无力，颇有主张中央集权之论的。政府也颇援为口实。但政治既不清明，又不真懂得集权的意义，并不能励精图治，将各项政权集中，而转指人民奔走国事的，为有妨政府的大权，一味加以压制。于是激而生变，酝酿多年的革命运动，就一发而不可遏了。

清代的社会

吕思勉

论起清代的社会来，确乎和往古不同。因为他是遭遇着旷古未有的变局的。这旷古未有的变局，实在当十六世纪之初——欧人东略——已开其端。但是中国人，却迟到十八世纪的中叶——五口通商——方才感觉到。自此以前，除少数——如在海口或信教——与西人接近的人外，还是丝毫没有觉得。

清代是以异族，入主中国的。而又承晚明之世，处士横议，朋党交争之后，所以对于裁抑绅权、摧挫士气二者，最为注意。在明世，江南一带，有所谓投大户的风气。仕宦之家，僮仆之数，盈千累百。不但扰害小民，即主人亦为其所挟制。

到清代，此等风气，可谓革除了。向来各地方，有不齿的贱民，如山、陕的乐籍，绍兴的惰民，徽州的伴当，宁国的世仆，常熟、昭文的丐户，江、浙、福建的棚民，在清世宗时，亦均获除籍。此等自然是好事。然而满、汉之间，却又生出不平等来了。旗人在选举、司法种种方面，所占地位都和汉人不同。而其关系最大的，尤莫如摧挫士气一事。宋、明两朝，士大夫都很讲究气节。风会所趋，自然不免有沽名钓誉的人，鼓动群众心理，势成一哄之市。即使动机纯洁，于事亦不能无害；何况持之稍久，为野心者所利用，杂以他种私见，驯致酿成党争呢？物极必反，在清代，本已有动极思静之势；而清人又加之以摧挫，于是士大夫多变为厌厌无气之流，不问国事。高者讲考据，治词章，下者遂至于嗜利而无耻。管异之有《拟言风俗书》，最说得出明清风气的转变。他说：

明之时，大臣专权，今则阁、部、督、抚，率不过奉行诏命。明之时，言官争竞，今则给事、御史，皆不得大有论列。明之时，士多讲学，今则聚徒结社者，渺焉无闻。明之时，士持清议，今则一使事科举，而场屋策士之文，及时政者皆不录。大抵明之为俗，官横而士骄，国家知其敝而一切矫之，是以百数十年，天下纷纷，亦多事矣。顾其难皆起于田野之间，闾巷之侠；而朝宁学校之间，安且静也。然臣以为明俗敝矣，其初意则主于养士气，蓄人才。今夫鉴前代者，鉴其末流，而要必观其初意。是以三代圣王相继，其于前世，皆有革有因，不力举而尽变之也；力举而尽变之，则于理不得其平，而更起他祸。

清朝当中叶以后，遇见旷古未有的变局，而其士大夫，迄无慷慨激发，与共存亡的，即由于此。此等风气，实在至今日，还是受其弊的。

我们今日，翻一翻较旧的书，提到当时所谓“洋务”时，率以“通商”“传教”两个名词并举。诚然，中西初期的交涉，不外乎此两端。就这两端看来，在今日，自然是通商的关系，更为深刻。——因为帝国主义者经济上的剥削，都是由此而来的。——其在当初，则欧人东来，所以激起国人的反抗的，实以传教居先，而通商顾在其次。欧人东来后，中国反对他传教的情形，读第二章，已可见其大略。但这还是士大夫阶级的情形。至一八六一年，《天津条约》《北京条约》两条约发生效力以来，从前没收的教堂，都发还。教士得在中国，公然传教。从此以后，洋人变为可畏之物，便有恃入教为护符，以鱼肉邻里的。地方官遇教案，多不能持平，小民受着切肤之痛，教案遂至连绵不绝。直至一九〇〇年，拳匪乱后，而其祸乃稍戢。

至于在经济上，则通商以后，中国所受的侵削尤深。通商本是两利之事，历代中外通商，所输入的，固然也未必是必需品。然中国所受的影响有限。至于近代，则西人挟其机制之品，以与我国的手工业相竞争。手工业自然是敌不过他的。遂渐成为洋货灌输，固有的商工业亏折，而推销洋货的商业勃兴之象。不但商工业，即农村亦受其影响，因为旧式的手工，有一部分，是农家的副业。偏僻的农村，并有许多粗制品，亦能自造，不必求之于外的。机制品输入而后，此等局面打破，农村也就直接、间接受着外人的剥削了。此等情势，但看通商以后，贸易上的数字，多为入超可见。资本总是向利息优厚之处流入的，劳力则是向工资高昂之处移动的。遂成为外国资本，输入中国；而中国劳工，纷纷移殖海外的现象。

外人资本的输入，最初是商店——洋行——和金融机关。从《马关条约》以后，外人得在我国通商口岸设厂，而轻工业以兴。其后外人又竞攫我的铁路、矿山等，而重工业亦渐有兴起。此等资本，或以直接投资，或以借款，或以合办的形式输入，而如铁路、矿山等，并含有政治上的意味。至于纯粹的政治借款，则是从一八六六年，征讨“回乱”之时起的。此后每有缺乏，亦时借洋债，以资挹注。但为数不多。中、日战后，因赔款数目较巨，财政上一时应付不来，亦借外债以资应付。但至一九〇二年，亦都还清。而其前一年，因拳乱和各国订立和约，赔款至四万五千万两之巨。截至清末，中国所欠外债，共计一万七千六百万，仅及庚子赔款三之一强，可见拳乱一役，贻累于国民之深了。

我国的新式工业初兴起时，大抵是为军事起见。其中仅一八七八年，左宗棠在甘肃倡办织呢局；稍后，李鸿章在上海办织布局；张之洞在湖北办织布、纺纱、制麻、缫丝四局，可称为纯粹工业上的动机。此等官办或官商合办的事业，都因官场气习太深，经营不得其法，未能继续扩充，而至于停办。前清末造，民间轻工业，亦渐有兴起的，亦因资本不足，管理不尽合宜，未能将外货排斥。在商业上，则我国所输出的，多系天产及粗制品。且能直接运销外国者，几于无之，都是坐待外商前来采运，其中损失亦颇巨。

华人移殖海外，亦自前代即有之。但至近世，因交通的便利，海外事业的繁多，而更形兴盛。其初外人是很欢迎中国人前往的。所以一八五八年的《中英条约》，一八六一年的《中俄条约》，一八六四年的《西班牙条约》，一八六八年的《中美续约》，都有许其招工的明文。今日南洋及美洲繁盛之地，原系华人所开辟者不少。到既经繁盛，却又厌华人工价的低廉，而从事于排斥；苛待、驱逐之事，接踵而起了。但在今日，华侨之流寓海外者还甚多。虽无国力之保护，到处受人压迫，然各地方的事业，握于华人之手者仍不少。譬如暹罗、新加坡等，一履其地，俨然有置身闽、粤之感。我国的国际收支，靠华侨汇回之款，以资弥补者，为数颇巨。其人皆置身海外，深受异民族压迫之苦，爱国之观念尤强，对于革命事业的赞助，功绩尤伟。若论民族自决，今日华侨繁殖之地，政权岂宜握在异族手中？天道好还，公理终有伸张之日，我们且静待着罢了。

清朝的覆亡

吕思勉

自西力东侵，而中国人遭遇到旷古未有的变局。值旷古未有的变局，自必有非常的手段，然后足以应付之，此等手段，自非本来执掌政权的阶级所有，然则新机从何处发生呢？其（一）起自中等阶级，以旧有的文化为根柢的，是为戊戌维新。其（二）以流传于下级社会中国有的革命思想为渊源，采取西洋文化，而建立成一种方案的，则为辛亥革命。戊戌变法，康有为是其原动力。康有为的学问，是承袭清代经学家今文之学的余绪，而又融合佛学及宋、明理学而成的。（一）因为他能承受今文之学的“非常异义”，所以能和西洋的民主主义接近。（二）因为他能承受宋学家彻底改革的精神，所以他的论治，主于彻底改革，主张设治详密，反对向来“治天下不如安天下，安天下不如与天下安”的苟简放任政策。（三）主张以中坚阶级为政治的重心，则士大夫本该有以天下为己任的大志，有互相团结的精神。宋、明人的讲学颇有此种风概。入清以来，内鉴于讲学的流弊，外慑于异族的淫威，此等风气，久成过去了。康有为生当清代威力已衰，政令不复有力之时，到处都以讲学为事。他的门下，亦确有一班英多磊落之才。所以康有为的学问及行为，可以说是中国旧文化的复活。他当甲午战前，即已上书言事。到乙未之岁，中、日议和的时候，他又联合入京会试的举人，上书主张迁都续战，因陈变法自强之计。书未得达，和议成后，他立强学会于北京，想联合士大夫，共谋救国。会被封禁，其弟子梁启超走上海，主持《时务报》旬刊，畅论变法自强之义。此报一出，风行海内，而变法维新，遂成为一时的舆论。康有为又上书两次。德占胶州湾时，又入京陈救急之计。于是康有为共上书五次，只一次得达。德宗阅之，颇以为然。岁戊戌，即一八九八年，遂擢用有为等以谋变法。康有为的宗旨，在于大变和速变。大变所以谋全盘的改革，速变则所以应事机而振精神。他以为变法的阻力，都是由于有权力的大臣，欲固其禄位之私，于是劝德宗勿去旧衙门，但设新差使。他以为如此即可减少阻力。但阻碍变法的，固非尽出于保存禄位之私；即以保存禄位论，权已去，利亦终不可保，此固不足以安其心。何况德宗和孝钦后素有嫌隙，德宗又向来无权？于是有戊戌的政变。政变以后，德宗被幽，有为走海外，立保皇党，以推翻孝钦后，扶德宗亲政相号召。然无拳无勇，复何能为？而孝钦后以欲捕康、梁不得；欲废德宗，又为公使所反对；迁怒及于外人。其时孝钦后立端郡王载漪之子溥儁为大阿哥，载漪因急欲其子正位。宗戚中亦有附和其事，冀立拥戴之功的。而极陈旧的，“只要中国人齐心，即可将外国人尽行逐去，回复到闭关时代之旧”的思想，尚未尽去。加以下层社会中人，身受教案切肤之痛，益以洋人之强唯在枪炮，而神力可以御枪炮之说，遂至酿成一九〇〇年间义和团之乱。亲贵及顽固大臣，因欲加以利用，乃有纵容其在京、津间杀教士，焚教堂，拆铁路，倒电杆，见新物则毁，见用洋货的人则杀的怪剧。并伪造外人的要求条件，以恐吓孝钦后，而迫其与各国同时宣战。意欲于乱中取利，废德宗而立溥儁。其结果，八国联军入京城，德宗及孝钦后走西安。一九〇一年的和约，赔款至四百五十兆。京城通至海口路上的炮台，尽行拆去。且许各国于其通路上驻兵。又划定使馆区域，许其自行治理、防守。权利之丧失既多，体面亦可谓丧失净尽了。是时东南诸督抚，和上海各领事订立互保之约，不奉北京的伪令。虽得将战祸范围缩小，然中央的命令，自此更不行于地方了。而黑龙江将军又贸然与俄人启衅，致东三省尽为俄人所占。各国与中国议和时，俄人说东三省系特别事件，不肯并入和约之中讨论，幸保完整的土地，仍有不免于破碎之势。庚子一役闯出的大祸如此。而孝钦后自回銮以后，排外变而为媚外；前此之力阻变革者，至此则变为貌行新政，以敷衍国民。宫廷之中，骄奢淫佚，朝廷之上，昏庸泄沓如故。满清政府至此，遂无可维持，而中国国民，乃不得不自起而谋政治的解决。

十九世纪之末，瓜分之论，盛极一时。一八九九年，美国国务卿海约翰氏（John Hay）乃通牒英、俄、法、德、意、日六国，提出门户开放主义。其内容为：（一）各国对于中国所获得的利益范围或租借地域，或他项既得权利，彼此不相干涉。（二）各国范围内各港，对他国入港商品，都遵守中国现行海关税率，课税由中国征收。（三）各国范围内各港，对他国船舶所课入口税，不得较其本国船舶为高。铁路运费亦然。这无非要保全其在条约上既得的权利。既要保全条约上的权利，自然要联带而及于领土保全，因为领土设或变更，既成的条约，在该被变更的领土上，自然无效了。六国都覆牒承认。然在此时，俄国实为侵略者，逮东三省被占而均势之局寝破。此时英国方有事于南非，无暇顾及东方，乃和德国订约，申明门户开放、领土保全之旨。各国都无异议。唯俄人主张其适用限于英、德的势力范围。英国力持反对。德国和东方关系究竟较浅，就承认俄国人的主张了。于是英国觉得在东方要和俄国相抗，非有更强力的外援不可，乃有一九〇二年的英、日同盟。俄国亦联合法国，发表宣言，说如因第三国的侵略或中国的扰乱，两国利益受到侵害时，应当协力防卫。这时候，日本对于我国东北的利害，自然最为关切，然尚未敢贸然与俄国开战，乃有满、韩交换之论。大体上，日本承认俄国在东三省的权利，而俄人承认日本在韩国的权利。而俄人此时甚骄，并此尚不肯承认，其结果，乃有一九〇四年的日、俄战争。俄国战败，在美国的朴资茅斯，订立和约。俄人放弃在韩国的权利，割库页岛北纬五十度以南之地与日。除租借地外，两国在东三省的军队都撤退，将其地交还中国。在中国承认的条件之下，将旅顺、大连湾转租与日，并将东省铁路支线，自长春以下，让给日本。清廷如何能不承认？乃和日本订立《会议东三省事宜协约》，除承认《朴资茅斯条约》中有关中国的款项外，并在三省开放商埠多处。军用的安奉铁路，许日人改为商用铁路。且许合资开采鸭绿江左岸材木。于是东北交涉的葛藤，纷纷继起，侵略者的资格，在此而不在彼了。当日、俄战争时，英国乘机派兵入藏，达赖出奔。英人和班禅立约，开江孜、噶大克为商埠。非经英国许可，西藏的土地不得租、卖给外国人。铁路、道路、电线、矿产不得许给外国或外国人。一切入款、银钱、货物，不得抵押给外国或外国人。一切事情，都不受外国干涉。亦不许外国派官驻扎和驻兵。中国得报大惊，然与英人交涉无效，不得已，乃于一九〇六年，订立《英藏续约》，承认《英藏条约》为附约，但声明所谓外国或外国人者，不包括中国或中国人在内而止。在东北方面，中国拟借英款铺设新法铁路，日人指为南满铁路的平行线（东省铁路支线，俄人让给日本的，日人改其名为南满路）。中国不得已，作罢，但要求建造锦齐铁路时，日不反对。中国因欲借英、美的款项，将锦齐铁路延长至瑷珲。日人又嗾使俄人出而反抗。于是美国人有满洲铁路中立的提议。其办法：系由各国共同借款给中国，由中国将东三省铁路赎回。在借款未还清前，由各国共同管理，禁止政治上、军事上的使用。议既出，日、俄两国均提出抗议。这时候，因英、美两国欲伸张势力于东北而无所成，其结果反促成日、俄的联合。两国因此订立协约，声明维持满洲现状，现状被迫时，彼此互相商议。据说此约别有密约，俄国承认日本并韩，而日本承认俄国在蒙、新方面的行动。此约立于一九一〇年。果然，日本于其年即并韩，而俄人对蒙、新方面，亦于其明年提出强硬的要求，且用哀的美敦书迫胁中国承认了。

外力的凭陵，实为清季国民最关心的事项。清朝对于疆土的侵削，权利的丧失，既皆熟视而无可如何，且有许多自作孽的事情，以引进外力的深入。国民对于清政府，遂更无希望，且觉难于容忍。在庚子以前，还希冀清朝变法图强的，至庚子以后，则更无此念，激烈的主张革命，平和的也主张立宪，所要改革的，不是政务而是政体了。革命的领导者孙中山先生，是生于中国的南部，能承袭明季以来的民族革命思想，且能接受西方的民治主义的。他当一八八五年，即已决定颠覆清朝，创建民国。一八九二年在澳门立兴中会。其后漫游欧、美，复决定兼采民生主义，而三民主义，于是完成。自一八九二年以来，孙中山屡举革命之帜。其时所利用的武力，主要的为会党，次之则想运动防军。然防军思想多腐败，会党的思想和组织力亦嫌其不足用，是以屡举而无成。自戊戌政变以后，新机大启，中国人士赴外国留学者渐多，以地近费省之故，到日本去的尤伙。以对朝政的失望，革命、立宪之论，盛极一时。一九〇五年，中山先生乃赴日本，将兴中会改组为同盟会。革命团体至此，始有中流以上的人士参加。中山先生说："我至此，才希望革命之事，可以及身见其有成。"中流以上的人士，直接行动的能力，虽似不如下层社会，然因其素居领导的地位，在宣传方面的力量，却和下层社会中人，相去不可以道里计，革命的思潮，不久就弥漫全国了。素主保皇的康有为，在此时，则仍主张君主立宪。其弟子梁启超，是历年办报，在言论界最有权威的。初主革命，后亦改从其师的主张，在所办的《新民丛报》内，发挥其意见，和同盟会所出的《民报》，互相辩论，于是立宪、革命成为政治上的两大潮流。因对于清朝的失望，即内外臣工中，亦有主张立宪的。日、俄战争而后，利用日以立宪而胜，俄以专制而败为口实，其议论一时尤盛。清朝这时候，自己是并无主张的。

于是于一九〇六年下诏预备立宪。俟数年后，察看情形，以定实行的期限。人民仍不满足。一九〇八年，下诏定实行立宪之期为九年。这一年冬天，德宗和孝钦后相继而死。德宗弟醇亲王载沣之子溥仪立。年幼，载沣摄政，性甚昏庸。其弟载洵、载涛则恣意妄为。居政府首席的庆亲王奕劻，则老耄而好贿，政局更形黑暗。人民屡请即行立宪，不许。一九一〇年，号称为国会预备的资政院，亦以为请，乃勉许缩短期限，于三年后设立国会。然以当时的政局，眼见得即使召集国会，亦无改善的希望，人民仍觉得灰心短气。而又因铁路国有问题，和人民大起冲突。此时的新军，其知识已非旧时军队之比；其纪律和战斗力自亦远较会党为强。因革命党人的热心运动，多有赞成革命的。一九一一年十月十日，即旧历辛亥八月十九日，革命军起事于武昌。清朝本无与立，在无事时，亲贵虽欲专权，至危急时，仍不得不起用袁世凯。袁世凯亦非有诚意扶持清朝的，清人力尽势穷，遂不得不于其明年即中华民国元年二月十二日退位。沦陷了二百六十八年的中华，至此光复；且将数千年来的君主专制政体，一举而加以颠覆。自五口通商，我国民感觉时局的严重，奋起而图改革，至此不过七十年，而有如此的大成就，其成功，亦不可谓之不速了。